Jesús Escudero Martín

Profesor de Matemáticas e Informática del
I.E.S. Fray Luis de León de Salamanca

300 ACERTIJOS DE INGENIO ESCOGIDOS

más 150 "Mentales"

Vol. 2

(Incluye Archivos virtuales)

Salamanca 2004

300 ACERTIJOS DE INGENIO ESCOGIDOS
más 150 "Mentales"
Vol. 2 (Incluye archivos virtuales)
2ª edición
Jesús Escudero Martín

Tapa blanda: 200 páginas
Colección: Humor, adivinanzas
Idioma: Español
Octubre 2018

ISBN: 9788460931959

E-mail: jescudero11111@gmail.com
Web: http://platea.cnice.mecd.es/~jescuder/
Blogs: http://blogs-escudero.blogspot.com.es/
Twitter: jesusescuderom
Facebook: jescuderomartin

ÍNDICE

PRÓLOGO DEL VOLUMEN 1

«Tomar la diversión como simple diversión
y la seriedad en serio,
muestra cuán profundamente indiscernibles
resultan ambas entre sí»
(Piet Hein)

Este podría ser el modo más conciso de expresar el punto de vista desde el que están escritas casi todas las páginas de este libro.

El pensamiento del pedagogo alemán Harmut von Henting, expuesto en su libro *«¿Por qué tengo que ir a la escuela? Cartas a Tobías»*, defiende que el aprendizaje *"exige siempre esfuerzo y sacrificio"*. Sin negar ese principio, siempre intento, en lo posible, enseñar deleitando. Esta es la finalidad que tienen los acertijos y curiosidades, que expongo en estas páginas.

Lo que aparece en ellas es para quienes no tengan miedo a evaluarse, para quienes disfruten con las dificultades, para quienes odien los mecánicos y monótonos caminos de resolución; para personas creativas, para los amantes de los enigmas y capaces de apreciar la belleza del razonamiento lógico o matemático.

Los ingeniosos acertijos que se incluyen en este volumen y en los siguientes, muestran que las matemáticas, la lengua, la física y otras disciplinas pueden llegar a ser muy divertidas y entretenidas. El libro ha sido escrito con la intención de que pase Vd. ratos muy agradables.

Espero que, ni al más ingenuo de los lectores, se le ocurra pensar que los acertijos se me han ocurrido a mí. Aunque hay algunos originales, la mayoría han sido extraídos de revistas, periódicos y libros de todo tipo, así como de Internet y del correo electrónico. Los que hay de otros autores, están nombrados en la bibliografía.

Como desde comienzos de los años 70 he ido recogiendo todo tipo de acertijos y curiosidades, por afición, sin ánimo de publicarlos más adelante, desconozco el origen exacto de la mayoría de ellos.

Todo este material me ha ayudado a amenizar mis clases, sacando a colación el acertijo apropiado en el momento oportuno. Los alumnos siempre están interesados en estos temas, y, sobre todo, si vienen a cuento. También lo he compartido con otros profesores y compañeros que desinteresada y amablemente me han ayudado con sus valiosas sugerencias. Incluir aquí sus nombres daría lugar a una lista demasiado larga. Muchas de las ideas, que aparecen en el libro, resultaron muy mejoradas gracias a su colaboración. Desde el año 97, está, una gran parte, disponible en Internet en la página web:

http://platea.cnice.mecd.es/~jescuder

Buen número de los acertijos que aparecen en estas páginas tienen ya la categoría de clásicos y han sido adaptados a nuestro ambiente cultural o se les ha dado un retoque para hacerlos más amenos.

Casi todos los acertijos seleccionados pueden explorarse con la ayuda de un papel y un lápiz. Para resolver la mayor parte de ellos, no se requieren conocimientos superiores a los elementales, aunque casi siempre se requiere la aplicación de un agudo ingenio, a pesar de que a veces no lo parezca. *«La imaginación es más importante que el conocimiento».* (Albert Einstein)

En la resolución de algunos acertijos, es preciso que surja en nuestra mente un concepto nada fácil de definir, que llamamos "**feliz idea**". Para el experto es un método de trabajo, lo que para el novicio resulta una feliz idea, una especie de revelación divina, que surge como un relámpago en la oscuridad y nos deja ver claro el camino a seguir. El examen de muchas felices ideas puede abrir en nuestro espíritu cauces que hagan surgir chispas semejantes en circunstancias parecidas. *«Es dudoso que el ingenio humano pueda llegar a construir un enigma que el propio ingenio humano no sea capaz de resolver».* (Edgar Alan Poe)

Es cierto que hay algunos, preciosos, de enunciado muy sencillo que son muy difíciles de resolver. Aunque no sepamos llegar a la solución, sólo con el hecho de verla y, a veces, comprobarla, ya se disfruta con ellos. *«No necesito saber adonde voy para gozar del camino que transito».* (Deepak Chopra)

Algunos archivos virtuales han sido creados por mis alumnos de 1º y 2º de Bachillerato en la asignatura de Tecnologías de la Información. Tras una pequeña y breve revisión, aparecen tal y como ellos me los entregaron.

Se descargan de:

http://platea.pntic.mec.es/jescuder/acertijo.rar

Salamanca, mayo 2004

OTRAS HISTORIAS INGENIOSAS

Antes de seguir con la lista numerada e interminable de acertijos iniciada en el VOLUMEN 1, quiero mostrar unas cuantas historias ingeniosas, curiosas...

CÓMO VIAJAR EN TREN SIN BILLETE

Cinco matemáticos y cinco médicos iban en tren a un Congreso sobre Métodos Estadísticos en Medicina.

Los médicos tenían cinco billetes mientras que los matemáticos tenían sólo uno.

Los médicos se reían pensando en la multa que deberían pagar sus "tontos" compañeros de viaje.

En cierto momento uno de los matemáticos dio la voz de alarma: *"¡Viene el cobrador!"*. Todos los matemáticos corrieron al baño más cercano y se encerraron dentro.

El cobrador, viendo que el baño estaba ocupado, golpeó a la puerta y dijo: *"¡Billete, por favor!"*.

La puerta se entreabrió y salió una mano con el billete.

El cobrador lo perforó y lo devolvió.

Cuando el cobrador se fue, los matemáticos salieron del baño y se fueron a sentar tranquilamente, mientras los médicos los observaban asombrados.

En el viaje de vuelta los médicos decidieron hacer la misma cosa y compraron sólo un billete.

Los matemáticos, sin embargo, no compraron ninguno.

En cierto momento, durante el viaje, uno de los matemáticos exclamó: *"¡Viene el cobrador!"*.

Los médicos corrieron apresuradamente a un baño y los matemáticos a otro.

Uno de los matemáticos sin embargo, antes de reunirse con sus colegas, golpeó la puerta de los médicos y dijo, imitando la voz del cobrador: *"¡Billete, por favor!"*.

SABIA DECISIÓN

Una adolescente de catorce años le dice a su madre que desde hace un par de meses no tiene el período. Preocupadísima, la madre compra en la farmacia un "kit" del embarazo y el resultado de la prueba resulta positivo.

Gritos, lamentos, lágrimas... *"¿Quién ha sido el cerdo? Quiero saber quién ha sido para decírselo a tu padre"*.

La chica, una vez a solas, hace una llamada telefónica.

Media hora después se detiene ante la casa un Ferrari último modelo, del que sale un tipo maduro y distinguido, de pelo entrecano, vestido impecablemente con un elegante traje que se adivina carísimo. Toma asiento en el salón, ante el padre, la madre y la hija y dice: *"Buenos días, vuestra hija me ha informado del problema. Sin embargo yo no puedo casarme con ella porque tengo otra situación familiar, aunque me haré cargo. Si nace una niña le puedo legar 3 tiendas, 2 apartamentos, una villa en el mar y una cuenta de 500.000 euros. Si lo que nace es un niño el legado es un par de fábricas, además de los 500.000 euros. Si son gemelos, una fábrica y 250.000 euros por cabeza. Pero si se perdiera el feto..."*

En este punto el padre, que había permanecido callado todo el tiempo, se levanta, le apoya una mano en el hombro y le dice: ...

¿Qué cree Vd. que dijo el padre?

(La respuesta en "Las soluciones")

APARTAMENTO DE SOLTERO

Juan invita a su madre a cenar una noche en su apartamento de soltero. Durante la cena la madre no pudo por menos que reparar en lo hermosa que era Lourdes, la compañera de apartamento de su hijo. Durante mucho tiempo ella había tenido sospechas de que su hijo tenía relación con Lourdes y, al verla, la sospecha se acrecentó.

En el transcurso de la velada, mientras veía el modo en que los dos se comportaban, se preguntó si estarían acostándose juntos. Leyendo el pensamiento a su madre Juan le dijo: *«Mama sé lo que estas pensando, pero te aseguro que Lourdes y yo sólo somos compañeros de apartamento».*

Aproximadamente una semana después, Lourdes le comentó a Juan que desde el día en que su madre vino a cenar, no encontraba el cucharón grande de plata para servir la sopa. Juan le dijo que, dada la posición económica de su madre, dudaba que se lo hubiese llevado, pero que de todas formas le escribiría una carta.

Así, que se sentó y escribió: *«Querida mamá: No estoy diciendo que tú cogieras el cucharón de plata de servir salsas pero tampoco estoy diciendo que no lo cogieras, pero el hecho es que este ha desaparecido desde que tú viniste a cenar a casa».*

Unos días más tarde, Juan recibe una carta de su madre que decía: *«Querido hijo: No digo que te acuestas con Lourdes o que no te acuestas con Lourdes, pero el hecho es que si Lourdes se acostara en su propia cama, ya habría encontrado el cucharón de plata para servir salsas.*

Con todo cariño. Mamá».

MI PRIMERA CITA - LA PRIMERA VEZ

Era mi primera cita. Salí de casa sumamente nerviosa; no sabía qué era aquello. Además era la primera vez, sin embargo, yo lo había prometido y no podía echarme atrás. No debía tener miedo. Al fin y al cabo era yo quién había pagado por él. Cuando llegué al quicio de la puerta un escalofrío estremeció todo mi cuerpo. Cuando la puerta se abrió, tuve que hacer un esfuerzo por controlar el temblor de las piernas. Entré. Él me estaba esperando, me tomó por el brazo y me llevó a una habitación. Con la mayor cortesía me invito a acostarme. Aunque era la primera vez que hacía aquello, cuando le vi me inspiró confianza y comprendí que no podría encontrar una persona más adecuada para hacerme lo que él estaba a punto de hacer.

Poco a poco, se fue acercando. Creo que notó mi nerviosismo, y trató de tranquilizarme diciéndome que sabía lo que había que hacer, cómo y dónde hacerlo. Lo había hecho cientos de veces y nunca había recibido ninguna queja.

Por fin, cuando mis músculos comenzaron a relajarse, me indicó cual era la postura más adecuada y poniéndome la mano en el hombro continuó diciéndome cosas agradables para darme ánimos.

La proximidad entre los dos se hizo casi dolorosa, sentí la presión de sus manos en mi brazo y el cálido y agradable aliento de su boca acercarse a mi rostro.

De repente me entró algo duro. Me cogió por sorpresa; mi cuerpo no estaba acostumbrado a este tipo de experiencias y comenzó a temblar. Pasaron minutos que me parecieron siglos; de pronto comencé a sentir un dolor insoportable y lance un grito a la vez que todo mi ser se estremecía.

A medida que transcurrían los minutos el dolor se iba haciendo más y más fuerte y no tardó en empezar a salirme sangre. Le dije que lo sacara, que me estaba doliendo mucho, pero me dijo que ya casi estaba y que no podía dejarlo así. Grité angustiada y dolorida hasta que se me saltaron las lágrimas. Inesperadamente el dolor cesó y mi cuerpo fue recorrido por una indescriptible sensación de bienestar. Entonces me di cuenta de que todo había acabado, ya no tenía sentido seguir protestando. Llegó la hora de marcharse.

Le agradecí al dentista que me hubiese sacado esa muela que tantísimo me dolía y me despedí pidiéndole disculpas por mi exagerado comportamiento.

¡Adiós dentista!

SABIDURIA ARABE

Un anciano árabe vivía en Estados Unidos desde hacía 40 años. Quería plantar patatas en su jardín, pero arar la tierra era un trabajo muy pesado para él y su único hijo Ahmed, estaba estudiando en París. El pobre anciano decide mandarle un e-mail explicándole el problema:

"Querido Ahmed: Me siento mal porque no voy a poder plantar el jardín con patatas este año. Estoy muy mayor para arar la parcela. Si tú estuvieras aquí, sé que darías vuelta a la tierra por mí.

Que Alá esté contigo. Te quiere, papá".

Pocos días después recibe un e-mail de su hijo:

"Querido papá, por lo que más quieras, no revuelvas la tierra del jardín. Ahí es donde tengo escondido aquello.

Te quiere, Ahmed".

A las cuatro de la madrugada, entraron en su casa la policía, agentes del FBI, de la CIA, representantes del Pentágono..., dieron la vuelta a toda la tierra del jardín buscando materiales para construir bombas, ántrax o algo similar, pero, como no encontraron nada se fueron.

Ese mismo día el hombre recibe otro e-mail de su hijo: *"Querido papá: Seguramente ya podrás plantar las patatas. Es lo único que he podido hacer por ti desde París. Te quiere, tu hijo Ahmed".*

La siguiente es un paradigma de enredo familiar.

SEÑOR JUEZ

Su Señoría:

No culpe a nadie de mi muerte. Me quité la vida, porque en dos días más que viviera no sabría quién sería en este mar de lágrimas.

Verá Vd. señor juez, tuve la desgracia de casarme con una viuda, esta tenía una hija.

Mi padre, que para mayor desgracia era viudo, se enamoró de la hija de mi mujer y se casó con ella.. De manera que mi esposa era suegra de mi padre, mi hijastra se convirtió en mi madre y mi padre al mismo tiempo era mi yerno.

Al poco tiempo mi madrastra trajo al mundo un varón que era mi hermano, pero era nieto de mi mujer, de manera que yo era abuelo de mi hermano.

Al correr el tiempo mi mujer trajo al mundo un varón, que como era hermano de mi madre era cuñado de mi padre y tío de su hijo. Mi mujer era suegra de su propia hija, yo en cambio, soy padre de mi madre, mi padre y su mujer son mis hijos y además yo soy mi propio abuelo.

Ya ve señor juez, me despedí del mundo por que no sé quien soy.

EL DESCONSOLADO.

LOS ACERTIJOS

Seguimos con la lista numerada e interminable de acertijos iniciada en el VOLUMEN 1.

251. ESCAPÓ A SUIZA.

Durante la Segunda Guerra Mundial, había un puente que conectaba Alemania y Suiza.

En el lado alemán, había una torre con un centinela que venía cada tres minutos a comprobar el puente.

Tenía la orden de enviar para atrás a cualquier persona que intentara entrar en Alemania, y matar a cualquier persona que intentara escapar hacia Suiza sin un permiso.

Una mujer necesitaba imperiosamente escapar a Suiza, aunque no tenía permiso y sabía que tardaba por lo menos 5 minutos en cruzar el puente, se escapó.

¿Sabe Vd. cómo se las arregló?

252. ¿CUÁL SOBRA?

¿Qué elemento de los cinco siguientes es el que sobra?

huevo, pescado, base, mesa, apuesta

¿Por qué?

253. CINCO PATATAS Y SEIS NIÑOS.

Una madre tiene 6 niños y 5 patatas.

¿Cómo puede distribuir las patatas uniformemente entre los 6 niños?

No valen fracciones.

254. DE CAZA.

¿Cómo diría Vd. «*José y Francisco fueron a cazar con sus perros*» sin usar ninguna letra r?

255. DEL CERO AL NUEVE.

Coloque un dígito en cada casilla de manera que el número de la primera casilla indique la cantidad de ceros del total de casillas, el de la segunda la cantidad de unos, el tercero la cantidad de doses, ..., el décimo la cantidad de nueves.

0	1	2	3	4	5	6	7	8	9

El archivo (**Del cero al nueve**.xls)
contiene este acertijo.

256. LOS TERRONES Y EL AZÚCAR.

Tenemos tres tazas de café y solamente catorce terrones de azúcar.

¿Cómo endulzar las tres tazas empleando un número impar de terrones en cada una?

257. DOS RELOJES.

El reloj de Ana da la hora más deprisa que el reloj de Carlos; de hecho, el reloj de Ana da 3 campanadas en el mismo tiempo que el de Carlos da 2.

Un día, a una determinada hora, los dos relojes comenzaron a sonar al mismo tiempo.

Cuando el reloj de Ana hubo terminado de dar la hora,
el reloj de Carlos dio dos campanadas más.
¿A qué hora ocurrió esto?

258. MENSAJE OCULTO.

En el cuadro 4x4 adjunto había anotado un mensaje, que
podía leerse de izquierda a derecha y de arriba abajo, pero
fue extraído letra a letra.

				ENSU
				EMNS
				AEFJ
				ACIL

AAEM   CEJS   EINU   FLNS

En cada línea horizontal y vertical están en orden alfabético, las letras que allí estaban.

Se trata de volver a ponerlas en el cuadro y así recons-
truir el mensaje.

259. SUMAS EN TRIÁNGULO.

Se trata de disponer los números naturales del 1 al 9
formando un triángulo y sumarlos.

El número resultante de la suma ha de ser capicúa.

Una posible solución sería:

```
        8
      9 6 4
    1 7 5 3 2
    2 7 9 7 2
```

¿Podrá Vd. encontrar alguna más?

260. EN 4 PIEZAS IDÉNTICAS.
Divida la figura adjunta en cuatro
piezas idénticas.

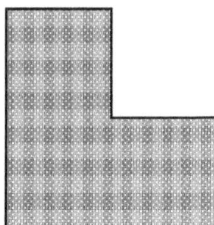

261. AZÚCAR EN EL CAFÉ.
¿Cómo puede Vd. poner un terrón de azúcar en el café
sin que se le moje?
Naturalmente, después de haberlo sacado de su correspondiente papel o plástico.

262. SERIE DE PALABRAS.
Las siguientes palabras forman una serie lógica:
pala - beban - acción - dardo - diente - alifafe
¿Cuál seguiría: millar, griego, venas o kilos?

263. LA HERENCIA DE 17 CAMELLOS.
Un árabe dejó al morir a sus tres hijos una herencia de
17 hermosos camellos, especificando que habían de repar-
tirla de la siguiente manera: al mayor la mitad de los camellos, al mediano la tercera parte y al menor la novena parte.
Los jóvenes herederos estaban desesperados, ya que
evidentemente no podían repartir los 17 camellos de esta
manera sin la colaboración del carnicero.
Buscaron finalmente los consejos de un anciano y sabio
amigo que prometió su ayuda.

Al día siguiente se presentó en la cuadra llevando un camello de su propiedad.

Lo juntó a los 17 y dijo a los hermanos que ya podían proceder al reparto.

El mayor se llevó la mitad de los 18, o sea 9, el mediano un tercio de los 18, es decir 6; y el pequeño un noveno de los 18, o sea 2.

Cuando ya se hubieron llevado los 17 primeros camellos, el anciano cogió el suyo y se marchó.

¿El truco?

264. QUITANDO LAS INNECESARIAS.

Si Vd. quita todas las letras innecesarias de la siguiente cadena de letras, le quedará una oración lógica.

UNTOADASLORASLCETRIAONS
ILNNOECGIESACARIAS

¿Será capaz de conseguirlo?

265. ERROR MECANOGRÁFICO.

Una mecanógrafa inexperta estaba copiando un libro de matemáticas, donde debía escribir $5^4 2^3$, escribió 5423, que es muy distinto.

¿Podría Vd. encontrar otras cuatro cifras, para que ambos modos de escribir signifiquen el mismo número?

En este caso el error mecanográfico no hubiese tenido importancia en el resultado.

El archivo (**Error mecanográfico.xls**) contiene
la solución de este acertijo hecha con EXCEL.

266. SUMA DE TRES CIFRAS IGUALES.

Una suma con tres cifras iguales da como resultado 60.
Los números no son el 20.
¿Cuáles serán los números?

267. EXTRAÑA EDAD.

La madre tiene 21 años más que el niño.
Dentro de 6 años será 5 veces mayor que el niño.
¿Cuál es la edad del niño?

268. QUITANDO SEIS LETRAS.

En la línea de letras que damos a continuación, táchense
seis letras para que las restantes, sin alterar su orden, de-
letreen una palabra corriente en español:

P-S-L-E-Á-I-T-S-L-E-A-T-R-N-A-O-S

269. EL MÁGICO NÚMERO 68.

Consiga una hoja de papel y recorte de ella un cuadrado
de aproximadamente 20 centímetros de lado.

Doble el papel al medio cuatro veces, de modo que al
desdoblarlo los pliegues formen una cuadrícula de 16 cuadrados pequeños.

Ahora marque bien cada pliegue hacia adelante y hacia
atrás, para que el papel se doble muy fácilmente en cualquier dirección.

Numere los cuadrados de 1 a 16 como se muestra en la
siguiente ilustración:

1	2	3	4
5	6	7	8
9	10	11	12
13	14	15	16

Doble el papel a lo largo de los pliegues hasta que quede del tamaño de uno de los cuadrados pequeños.

Su modo de doblarlo puede ser tan complicado como quiera; puede incluso meter pliegues dentro de pliegues.

Tome unas tijeras y corte los cuatro bordes del paquete final para que le queden 16 cuadrados separados.

Algunos de los cuadrados tendrán un número arriba, otros un número abajo.

Sin dar la vuelta a ninguno de los cuadrados, desparrámelos sobre la mesa.

Sume todos los números que hayan quedado boca arriba y escriba el resultado.

El número que Vd. ha escrito, ¿será el 68?

270. BOCA ABAJO Y BOCA ARRIBA.

Tenemos sobre la mesa una hilera de copas.

Hay 5 copas boca arriba alternándose con 4 copas que están boca abajo.

Se trata de ir dando vuelta a las copas, siempre de dos en dos, hasta conseguir que queden 4 copas boca arriba y 5 copas boca abajo.

¿Será Vd. capaz de conseguirlo?

271. DUPLICANDO CINTAS DE CASSETTE.

Mi amigo Jorge desea duplicar 3 cintas de cassette de 60 minutos.

Para ello dispone de 2 duplicadoras de velocidad normal.

¿Cómo puede hacer las copias en tan sólo 91 minutos?

272. SERIE REPRESENTATIVA (1).

¿Qué representa la siguiente serie?

1, 3, 4, 6, 4, 6, 4, 6, ...

273. PRODUCTO ALFABÉTICO.

Calcule el valor del siguiente producto:

(x-a)(x-b)(x-c)...(x-z) = ?

274. EL TIEMPO SIN TI.

Mi amigo Carlos le decía a su novia: *«Para mí, el tiempo sin ti no es tiempo»*.

¿Sabe Vd. por qué?

275. EL PINTOR MADRILEÑO.

En la zona antigua de Madrid vive un curiosísimo pintor de retratos.

Los pinta la mitad de estrechos y el doble de altos de lo que son en la realidad.

Original   *Pinta*

Supongamos que Vd. quiere que le haga un retrato de tamaño real, ¿qué sabios consejos le tendrá que dar al curioso pintor?

El archivo (**El pintor madrileño.ppt**) contiene una presentación con este acertijo.

276. BOLAS EN CAJAS.

¿Cómo podremos distribuir 9 bolas en 4 cajas de forma que cada una tenga un número impar de bolas y distinto del de cada una de las otras tres?

277. A DORMIR SE HA DICHO.

Una persona se fue a acostar a las 8 de la noche, puso el despertador de agujas para las 9 de la mañana y se fue a dormir de inmediato.

¿Cuántas horas había dormido cuando el despertador le despertó?

278. SIN ALGUNA DE SUS LETRAS.

Encuentre un nombre de persona tal, que no haya ningún otro nombre de persona que no lleve alguna de sus letras.

279. CABEZA ABAJO.

¿Hay algún año del siglo XX que no varíe al ponerlo cabeza abajo?

280. ¿CUÁNTOS CUADRADOS?

¿Cuántos cuadrados hay en la figura adjunta?

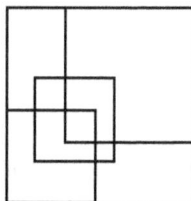

281. OCHO RUEDAS Y NO CONTAMINA.

¿Qué clase de transporte o vehículo tiene ocho ruedas, es estrictamente individual y no produce en ningún caso contaminación de la atmósfera?

282. SERIE COMPLETA.

¿Qué letra completa la siguiente serie?

u, e, e, a, o, e, a, a, i, u, i, e, e, e, i, ...

283. BILLETES EN LOS BOLSILLOS.

Un escocés tiene 44 billetes de una libra y 10 bolsillos.

¿Cómo puede repartir el dinero por los bolsillos para llevar en todos sumas distintas?

284. CURIOSIDADES DE SEMÁNTICA.
¿Verdaderas o falsas?
a) Cinco por cuatro veinte, más dos, igual a veintitrés.
b) Cinco por ocho cuarenta, más dos, igual a cuarenta y cuatro.
c) Diez por seis sesenta más cuatro igual a setenta.

285. TRES AGUJAS EN UN PAJAR.
El número primo 37 es un divisor de 999.
¿Puede Vd. encontrar tres números más que tengan todas sus cifras iguales y sean múltiplos de 37?
El archivo (**Tres agujas en un pajar**.xls) contiene la solución de este acertijo hecha con EXCEL.

286. DIVISIBILIDAD POR 7.
El número 349 no es divisible por 7, pero se puede hacer que lo sea alternando la posición de sus cifras.
¿Cómo?
El archivo (**Divisibilidad por 7**.ppt) contiene una presentación de este acertijo.

287. MUY CURIOSO.
Mi amigo Carlos nació en 1955.
Hoy está aún vivo y tiene 42 años de edad.
¿Cómo es posible?

288. NADA DE CAMBIO.

Cliente: Deme cambio de un dólar, por favor.

Cajera: Lo siento, pero no puedo hacerlo con las monedas que tengo.

Cliente: ¿Puede entonces cambiarme medio dólar?

Cajera: Ni siquiera tengo dinero para cambiar ni veinticinco, ni diez, ni cinco centavos.

Cliente: ¿No tiene ninguna moneda?

Cajera: Oh, sí, tengo 1'15 dólares en monedas.

¿Cuáles eran exactamente las monedas que había en la caja registradora?

289. CURIOSA DEMOSTRACIÓN.

En poco tiempo, sin calculadora, ni ordenador, demuestre que 999.991 es primo.

290. CON DOS RECTAS.

¿Sería Vd. capaz de dibujar un cuadrado solamente con dos rectas?

291. JUGANDO AL PING-PONG.

Jugando una partida de ping-pong en el jardín, la pelota rebota en la mesa y rodando por la hierba cae en un hoyo estrecho y muy profundo.

No se puede alcanzar la pelota ni con la mano ni tampoco con ningún palo, ya que el hoyo es bastante irregular.

¿Cómo logrará Vd. sacarla sin hacer ningún otro hoyo ni estropear el césped?

292. EXTRAÑA PARTIDA DE AJEDREZ.

Las siguientes anotaciones parecen corresponder a una partida de ajedrez:

A1C - A2D - R1T - P3T - D14R

Pero la última es más bien extraña.
¿De qué se trata entonces?

293. SIETE HIJOS, DOS POLLOS.

Mi vecina Carmen vive con su marido y sus 7 hijos, de 13, 11, 9, 7, 5, 3 y 1 años.
Cocina 2 pollos.
Los mayores de 10 años quieren comer pechuga y los menores, muslo.
¿Podrá dar gusto a todos?

294. DE NARICES.

"*Mi casa es grande de narices*", "*mi vaca es grande de narices*", etc., son exageraciones bastante usuales.
¿Qué frase al añadirle la expresión "de narices" no parece exageración?

295. SOLDADOS COMBATIVOS.

Cierto número de soldados se dirigían a combatir formando un cuadrado.
En el camino se les unió un extraño, y entonces formaron exactamente 13 cuadrados menores iguales.
¿Cuántos soldados fueron a la batalla?

El archivo (**Soldados combativos.xls**) contiene la solución de este acertijo hecha con EXCEL.

296. PRIMOS CAPICÚAS.

Números primos capicúas entre 100 y 200 hay 5 que son: 101, 131, 151, 181 y 191.

Números primos capicúas entre 300 y 400 hay 4 que son: 313, 353, 373 y 383.

¿Cuántos números primos, que sean, capicúas hay entre 200 y 300?

297. GATOS Y RATONES.

Si tres gatos cazan tres ratones en tres minutos, ¿cuántos gatos, de esas características, harían falta para cazar cien ratones en cien minutos?

298. SOPA DE LETRAS.

Dada la frase "ROJA ES LA ROSA, AZUL LA VIOLETA", escribimos una debajo de otra todas las palabras:

ROJA
ES
LA
ROSA,
AZUL
LA
VIOLETA

Ahora leyendo en columna, comenzando desde la izquierda, se obtiene:

RELRALVOSAOZAIJSUOAALL,ETA

Halle la frase que, desordenada según el procedimiento anterior se transforma en:

SUCNHEEÓONOOASLLLASYVOA.IDO

299. ÚNICO NÚMERO.

¿Cuál es el único número que tiene tantas letras como indica su cifra?

300. DIEZ MONEDAS EN TRES VASOS.

Al meter 11 monedas en tres vasos, de forma que cada vaso contenga un número impar de monedas; podemos conseguirlo de muchas formas.

Ejemplo: Poniendo 7 monedas en un vaso, 3 en otro y, una en el último.

Sin embargo, ¿sabría Vd. distribuir 10 monedas en estos mismos tres vasos, de modo que siga habiendo un número impar de monedas en cada vaso?

El asunto es factible, pero tendrá que ocurrírsele una triquiñuela para lograrlo.

301. LA BOMBILLA DEL SÓTANO.

Tenemos tres llaves de luz con posibilidades de encender la única bombilla de un sótano.

Desde donde se encuentran las llaves no es posible ver si la luz del sótano se enciende o no.

¿Cómo podemos averiguar cuál es la llave correcta bajando una sola vez al sótano?

302. SON PARIENTES (1).

Las siguientes letras tienen todas ellas algo en común que ninguna de las demás tiene.

G - J - F - K - P - W - X - Ñ

¿Qué es?

303. FECHAS INDETERMINADAS.

En España, fechas como 6 de diciembre de 1977 suelen abreviarse 6-12-77; pero en otros países, como EE.UU., se da primero el mes y luego el día, escribiéndose 12-6-77.

Si desconociésemos cuál de ambos sistemas se ha utilizado, ¿cuántas fechas quedarían indeterminadas en la notación abreviada?

304. CUENTE BIEN.

¿Cuántas letras hay "en el abecedario", 26 o 27?

305. EL HUEVO SORPRESA.

Disponemos de una balanza de las de los dos platillos en equilibrio y 12 huevos.

Hay un huevo con peso diferente de los demás (huevo sorpresa), pero no sabemos si es más o menos pesado.

Usando la balanza, ¿podemos obtener el huevo sorpresa y saber si es más o menos pesado en sólo tres pesadas?

El archivo (**El huevo sorpresa.xls**)
contiene este acertijo.
El archivo (**El huevo sorpresa.ppt**)
contiene este acertijo.

306. ¿DÓNDE ESTÁ EL OTRO EURO?

Tres hombres firmaron el registro de un hotel y pidieron habitaciones que se comunicaran.

Les ofrecieron tres que había disponibles y les dijeron que costaban 30 euros; subieron a verlas y, encontrándolas de su gusto, accedieron a quedárselas y le dieron cada uno un billete de 10 euros al muchacho que había subido acompañándolos.

Bajó este a entregárselos al cajero, y al pasar por la oficina le dijo el gerente que había habido una equivocación y que las tres piezas no costaban más que 25 euros.

En consecuencia, le dieron al muchacho 5 monedas de un euro para que fuera a devolverlas.

Por el camino se le ocurrió que iba a ser difícil dividir 5 euros entre los tres hombres, y que como de todos modos no sabían cuánto costaban las habitaciones, se contentarían con lo que les devolviera.

Se guardó, pues, para sí dos de las monedas de un euro, y entregó una a cada uno de los hombres.

De esta forma cada uno de ellos había pagado 9 euros.

Ahora, 9 euros por tres son 27 euros.

El botones tenía otros 2 euros en su bolsillo.

27 + 2 = 29, pero los hombres habían entregado en un principio 30 euros.

¿Dónde está el otro euro?

307. MARTES Y TRECE.

El año en el que el hombre llegó a la Luna, ¿tuvo algún martes y 13?

308. SIETE LETRAS.

Siete letras tiene mi nombre,
que siete nombres esconde,
dos de varón y cinco de mujer.
¿Qué nombre es?

309. SOLAMENTE UN TRACITO RECTO.

Agregue solamente un tracito recto para que la igualdad resulte correcta.

$$5 + 5 + 5 = 550$$

(El signo de igual no debe alterarse).

310. LA ZONA SOMBREADA.

¿Cuál es el área de la zona sombreada de la figura?

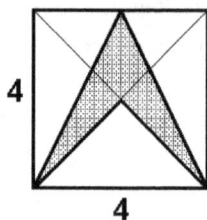

311. LA FORTUNA PARA UNO.

Un anciano quería dejar toda su fortuna solamente a uno de sus tres hijos, pero no sabía a cuál de ellos.

Le dio a cada uno de los tres algo de dinero para que compraran con él aquello que pudiera llenar su habitación totalmente.

El primer hijo compró paja, pero no trajo bastante como para llenar la habitación.

El segundo compró algodón, pero tampoco pudo llenar la habitación.

El tercer hijo compró dos cosas que llenaron la habitación como quería el padre, así que él obtuvo la fortuna.

¿Qué dos cosas compró el tercer hijo?

312. EN COMÚN.

¿Qué tienen en común las siguientes palabras?

estudio, himno, deflación, estúpido, hijuela

313. CURIOSIDAD CON TRES DADOS.

Lance tres dados al aire y póngalos en fila.

Con los puntos de las caras superiores forme un número de tres cifras comenzando por la izquierda.

Dé la vuelta a los dados y escriba a continuación del número anterior las tres cifras que forman las caras colocadas ahora arriba, comenzando también por la izquierda.

Se ha formado así un número de seis cifras.

Divida este número entre 111 y dígame el resultado.

Le adivinaré los puntos de las caras superiores que tenía al principio.

¿Sería Vd. también capaz de adivinarlos?

Ejemplo: Partimos del 341: 341436 : 111 = 3076.

El archivo (**Curiosidad con tres dados.xls**) contiene la solución de este acertijo hecha con EXCEL.

314. UNA FRASE CORTA.

Forme Vd. una frase corta utilizando exclusivamente las siguientes letras:

A-C-E-R-N-U-T-A-F-O-R-A-S

315. ASOMBROSA PREDICCIÓN.

Este juego lo suelen hacer los magos saliendo al escenario con una predicción escrita en un sobre lacrado y una pizarra para que alguien del público haga las operaciones.

Imagine que es Vd. la persona del público.

Siga las instrucciones al pie de la letra y muy despacio para no equivocarse.

Se asombrará del final del juego.

1) Escriba un número entre 1 y 9, ambos inclusive.
2) Réstele 5.
3) Multiplique el resultado por 3.
4) Eleve el resultado al cuadrado.
5) Sume las cifras del resultado hasta que se quede con un número de una cifra.
   Ejemplo: 49 = 4+9 = 13 = 1+3 = 4.
6) Si el resultado es menor que 5, súmele 5. En caso contrario, réstele 4.
7) Multiplique el resultado por 2.
8) Reste 6 al resultado.
9) Al número obtenido asígnele una letra según el orden alfabético.
   1=A, 2=B, 3=C, 4=D, 5=E, 6=F, 7=G, etc.
10) Elija un **país** cuyo nombre comience por la letra obtenida.
11) Tome la segunda letra del país y elija un **animal** cuyo nombre comience por esa letra.

Si no está seguro de haber hecho bien los cálculos repáselos desde el principio.

Si está todo correcto, vaya a la solución y verá el país y el animal que el mago llevaba escritos en el sobre lacrado.

El archivo (**Asombrosa predicción**.ppt) contiene este acertijo.

El archivo (**Asombrosa predicción**.xls) contiene este acertijo.

316. ENMENDAR LA MULTIPLICACIÓN.

¿Cómo puede enmendarse esta simple multiplicación (que tal como aparece está mal), sin agregar, ni quitar, ni escribir nada?

$$81 \times 9 = 801$$

317. LA MOSCA Y LA REGLA.

Una mosca se arrastra a lo largo de una regla desde la marca de los 10 centímetros de un extremo hasta la marca de los 5 centímetros que está en el centro.

Este trayecto le lleva 10 segundos.

Siguiendo su camino, se desplaza desde la marca de los 5 cm. hasta la marca de 1 cm., pero este recorrido le lleva solamente 8 segundos.

¿Se le ocurre a Vd. alguna buena razón que justifique esa diferencia de tiempo?

318. CONTRARIO DE MILLONARIO.

¿Qué es lo contrario de millonario?

319. NÚMEROS ROMANOS.

Sin utilizar signos aritméticos, escriba Vd. 1.000 con tres números romanos.

320. LOS POLLOS DEL MAIZAL.

En una granja de New Jersey había dos pollos que siempre se metían en el jardín, prestos a desafiar a cualquiera que intentara atraparlos.

¿En cuántos movimientos el buen granjero y su esposa pueden apresar a las dos aves?

El campo está dividido en 64 cuadrados, delimitados por las plantas de maíz.

Para poder atrapar a los pollos se puede ir de arriba a abajo o de izquierda a derecha.

Primero el granjero y su esposa se desplazan cada uno un cuadrado y luego cada uno de los pollos hace también un movimiento.

Se prosigue por turnos hasta poder acorralar y capturar a los pollos.

La captura se produce cuando el granjero o su esposa pueden irrumpir en un cuadrado que esté ocupado por una de las aves.

321. SECUESTRADOR MUY LISTO.

Secuestraron al hijo de un hombre rico.

Una nota enviada por el único secuestrador, ordenaba llevar un diamante muy valioso, a una cabina de teléfonos del centro de un parque público.

La policía rodeó el parque, para detener al secuestrador o a algún cómplice suyo.

El hombre rico llegó a la cabina de teléfonos y realizó todas las instrucciones marcadas por el secuestrador pero la policía se vio impotente para evitar que el diamante saliera del parque y para detener al ingenioso secuestrador.

¿Qué hizo el secuestrador?

322. NO MEDIO DE TRANSPORTE.

NOIAV, OCABR, OTRELUSB, EAMS, ELEIRTFEOC.

Cuatro ocultan el nombre de un medio de transporte.

¿Cuál es la otra?

323. DADOS APILADOS (1).

Haga una torre con tres dados.

¿Sería Vd. capaz, solamente con echar un vistazo, de saber la suma de los puntos de las 5 caras que no se ven desde ningún lado?

324. NUNCA DEBE PRONUNCIARSE.

¿Qué palabra de nuestro vocabulario nunca debe pronunciarse?

325. EL JUEGO DE LOS APLAUSOS (2).

En un juego infantil se nombran todos los números del 1 al 100 y se aplaude cuando se nombra un múltiplo de 6 o un número terminado en 6.

¿Cuántas veces se aplaude durante el juego?

¿Y si se nombran del 101 al 200?

El archivo (**El juego de los aplausos (2).xls**) contiene la solución de este acertijo hecha con EXCEL.

326. CIFRAS IMPARES.

¿Es posible mediante cinco cifras impares sumar 20?

327. PALABRA EXTRAÑA.

¿Qué palabra es extraña entre las siguientes?

mido - lado - mire - soldo - fácil

328. TIPOTEANDO.

Tipotear es un verbo muy sencillo de descubrir.

No se puede tipotear en la calle, en la iglesia, en una oficina pública...

Se puede tipotear en el baño.

En la playa se puede, pero no del todo.

Hay que tener ropa puesta para poder tipotear.

Es imposible tipotear sin ropa.
¿Sabe ya Vd. lo que es tipotear?

329. EN EL ESPEJO.

¿Qué año del siglo XIX aumenta 4 veces y media si se mira su imagen en el espejo?

330. CON SIETE CERILLAS.

Manteniendo el número de fósforos a cada lado del signo igual haga Vd. que se cumpla la igualdad.
En la figura adjunta no se cumple.

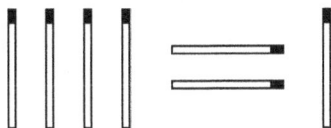

Hay al menos cuatro soluciones.

331. EN LA TIENDA CANINA.

Una tienda de perros ofrecía cachorros a la venta.
Dos hombres entraron en el local.
El primero puso diez euros sobre el mostrador y pidió un cachorro.
El vendedor le preguntó si prefería un caniche, un labrador o un alsaciano.
Eligió el caniche.
El segundo hombre también puso diez euros sobre el mostrador y pidió un cachorro.

El vendedor no dijo ni una palabra; simplemente le entregó un cachorro de alsaciano.

¿Cómo sabía que era ese el que él quería?

	Pistas: En forma de Pregunta - Respuesta.	
1	¿El alsaciano era el último cachorro?	No, quedaban muchos de las tres razas
2	¿Algunos de los tres hombres se conocían entre sí?	No
3	¿El segundo hombre indicó de alguna manera que deseaba el alsaciano?	No
4	¿El comprador había estado antes en el local?	No

Clave: Cada perro tenía su precio.

332. ENCAJEMOS.
Grupo 1: FÁCIL, ABEJA, DAGA.
Grupo 2: PUÑO, SOYUZ, SUSTO.
La palabra HIJA encaja bien en alguno de los grupos.
¿En cuál?

333. ESTRATEGIA EN EL CASINO.
Un jugador de casino explicaba a su mujer el sistema que utiliza para jugar a la ruleta diciendo: «En cada jugada, apuesto la mitad del dinero que tengo al color rojo. El viernes, gané y perdí el mismo número de jugadas».

Al final de la noche del viernes, ¿ganó, perdió o ni lo uno ni lo otro?

El sábado fue al casino con 16 euros, jugó 6 veces, ganó tres y perdió otras tres.

¿Con cuánto dinero acabó?

334. EN LA SALA SÍ, EN EL COMEDOR NO.

¿Qué cosa hay repetida en cualquier sala que no está en el comedor?

335. LOS MÁGICOS 21 Y 481.

Escoja un número de dos cifras, por ejemplo, 26.

Construya el número siguiente: 26x21 = 546.

Multiplique el 546 por el dicho 481: 546x481 = ...

¿Qué se obtiene?

Otro ejemplo: 47x21 = 987. Ahora: 987x481 = ...

El archivo (**Los mágicos 21 y 481**.xls)

contiene este acertijo.

336. CON SÓLO UNA RAYITA.

Agregue una sola rayita, cortita y derecha, a los dos números 10 para que el resultado sea 9'50.

10   10

En 10 segundos.

337. EX-REMEROS.

Los ex-remeros del Bidasoa se reúnen periódicamente para remar.

Lo hacen más de una vez por año y siempre en un día 31.

Al decir "periódicamente", queremos significar que entre una reunión y otra siempre transcurre la misma cantidad de meses.

¿Cuándo volverán a reunirse, sabiendo que se han reunido por última vez el 31 de julio de 2004?

338. DOS PALABRAS.

Si Vd. busca trabajo, hay dos palabras que le abrirán muchas puertas.
¿Cuáles son?

339. QUITAR LOS DOS TERCIOS.

¿Qué número, si se le quitan los dos tercios, da cero?

340. LOS PINTORES DE LA CATEDRAL.

Unos pintores están pintando las paredes interiores de una catedral.

A una ventana circular de un metro de diámetro le añadieron dos líneas tangentes y dos semicírculos cerrando la figura.

¿Qué área tiene la zona sombreada?

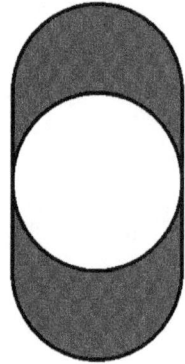

341. UN SOLO ARTÍCULO.

El padre manda a su hijo al mercado con una moneda y le dice: «Compra con ella: algo para alimentar a las vacas, algo para plantar en el jardín, algo para que nosotros comamos y algo para que nosotros bebamos. No vuelvas hasta conseguirlo todo. Te permito traer solamente un artículo».

¿Qué compró el hijo para dejar satisfecho a su padre?

342. VEN A MIRAR.

¿Qué lógica matemática sigue la siguiente frase?

"Ven y mira y sigue añadiendo al viejo factor más..."

343. SUBIR DE LA PRIMERA A
LA SEXTA PLANTA.

En un edificio de seis plantas (sin contar la planta baja), las escaleras que van de un piso a otro son todas de la misma longitud.

¿Cuántas veces más hay que subir para ir desde la primera hasta la sexta planta, que para ir desde la primera planta a la tercera?

344. DE CUATRO Y SEIS.

¿Qué palabra de cuatro letras contiene seis?

345. SIEMPRE LLEGAMOS.

Escriba un número natural.

Si es impar multiplíquelo por 3 y añádale 1.

Si es par, tome la mitad.

Repita la operación indefinidamente con el resultado obtenido.

¿Qué observa?

El archivo (**Siempre llegamos**.xls)
contiene este acertijo.

346. UN REPARTO DE MANZANAS.

¿Cómo repartir 9 manzanas entre 12 niños?

El reparto se desea hacer de tal modo, que ninguna manzana sea dividida en más de 4 partes.

347. ¿QUIÉN CONTÓ MÁS?

Dos personas contaron durante una hora todos los transeúntes que pasaron junto a ellos por la acera.

Una los contaba desde la puerta de su casa y la otra, yendo y viniendo por la acera.

¿Quién contó más transeúntes?

348. COMO UNA ISLA.

¿Qué letras son como una isla?

349. ¿CÓMO OBTENER VEINTE?

Tache seis de las nueve cifras adjuntas para que los números que queden sumen 20.

$$1 \quad 1 \quad 1$$
$$7 \quad 7 \quad 7$$
$$9 \quad 9 \quad 9$$

350. LA INFORMACIÓN NECESARIA.

Se tienen cuatro tarjetas, que están pintadas de rojo o de azul por una cara, mientras en la contraria llevan un cero o un cuadrado negro.

Las cuatro están sobre la mesa y presentan la siguiente situación:

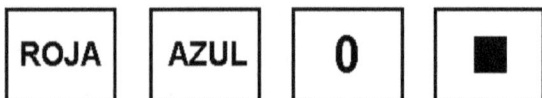

| ROJA | AZUL | 0 | ■ |

¿A qué tarjetas es preciso dar media vuelta para poder decir con seguridad si cada tarjeta roja lleva en su dorso un cuadrado?

351. LA HIJA DEL PRIMER MINISTRO.

Ocurrió una vez, en un lugar muy lejano, que un rey se enfadó de tal manera con su primer ministro que le condenó a muerte, permitiéndole salvarse si su hija mayor, considerada como la más sabia del reino, venía a la corte «ni de noche ni de día, ni desnuda ni vestida, ni a pie ni a caballo». ¿Cómo se las arregló el primer ministro para que el rey le perdonara?

352. ¡FUERA!

¿Qué palabra sobra del grupo siguiente?

acelerador, rádar, edificio, guantera, rueda

353. EL COMEJÉN LITERARIO.

En mi biblioteca tengo un diccionario en cinco tomos. Cada tomo tiene un espesor de 4 cm., tapas incluidas. El espesor de cada tapa es de 0'25 cm.

Un comején comienza en la primera página del primer tomo y sigue hasta la última página del quinto tomo.

Suponiendo que tarda un día en recorrer medio cm., ¿cuántos días tardará en el total del recorrido?

354. LÍO EN LA FIESTA FAMILIAR.

En una fiesta familiar al encontrarse dos hombres se produce este pequeño diálogo:

El primero: ¡Padre!

El segundo: ¡Abuelo!

Si ninguno de los dos hombres se equivocaba, ¿cómo es posible?

355. CURIOSA PROPIEDAD (1).

17^3=4.913. Si ahora sumamos las cifras del resultado 4+9+1+3, volvemos a tener el 17.

Lo mismo ocurre con el 18: 18^3=5.832 y 5+8+3+2=18.

No muy lejos de ellos hay otros dos números, consecutivos, cada uno de los cuales goza de la misma propiedad.

¿Cuáles son?

El archivo (**Curiosa propiedad (1)**.xls) contiene la solución de este acertijo hecha con EXCEL.

356. PRECIOSA POESÍA.

¿De qué se habla en la siguiente poesía?

Dime, si eres entendido,

esto cómo puede ser;

ni tres son menos que cuatro,

ni dos son menos que tres.

Dos son tres si bien se advierte;

tres son cuatro si se mira;

cuatro seis, y de esta suerte,

seis son cuatro sin mentira.

357. LA PESADA ESTATUA.

Tenemos una estatua que pesa más de 100 kg.

La única balanza de que disponemos no es capaz de medir pesos superiores a los 100 kg.

Disponemos también de una robusta barca capaz de soportar cualquier peso, así como de una bonita colección de piedras de todos los colores y formas.

¿Sabría Vd. calcular el peso exacto de la estatua?

358. FRASE AUTORREFERENTE.

La siguiente frase es verdadera:

«ESTA FRASE TIENE DOCE LETRAS DISTINTAS»

Intente hacer una frase verdadera con esta otra:

«ESTA FRASE TIENE ... LETRAS DIFERENTES»

359. QUITAR LA MITAD.

¿Qué número, si se le quita la mitad, da cero?

360. ELIMINANDO DOS.

Carlos y su amigo Eduardo se han apostado una cena.

La ganará el que consiga dejar cuatro cuadrados perfectos eliminando sólo dos monedas.

¿Se atreve Vd. a apostar también?

361. EL ZUMO DE MELOCOTÓN.

Mi mujer hizo ayer zumo de melocotón para varios días.

Yo la estuve observando mientras lo hacía.

Peló todos los melocotones (que eran muchos), los troceó, los echó en un tarro y con la batidora los batió.

En ese momento, recordó que tenía que agregar una cucharada de zumo de limón por cada dos melocotones y así lo hizo.

¿Qué hizo para calcular cuánto zumo de limón tenía que añadir?

362. LA SUMA.

La siguiente suma tiene que dar por resultado 16.

Todos los números deben ser sumados.

¿Cómo?

$$\begin{array}{r} 2 \\ 2 \\ 4 \\ 2 \\ 6 \\ 2 \\ 8 \\ 8 \\ \hline 16 \end{array}$$

363. EL PAÍS DE MI SOBRINO.

En un país imaginario inventado por mi sobrino hay solamente una ley.

Esta ley permite que haya mujeres pero no hombres; aunque puede haber niños y niñas.

Se pueden comer salchichas y pizzas, pero no carne ni pescado.

Hay pimienta, pero no sal.

Hay tomates, pero no peras.

Hay coches, pero no patines.

Hay puertas, pero no ventanas.

Etc.

¿Cuál es esa única ley?

364. UNA SOLA PALABRA.

Reordene las letras de "PALA URBANA SOLA" para formar una sola palabra que no sea nombre propio ni voz extranjera.

365. LA FAMILIA DE ISAAC.

El viejo Isaac vive rodeado de sus hijos, nietos, bisnietos y tataranietos.

Forman una familia de 2.801 personas.

Cada uno de ellos tiene el mismo número de hijos, salvo los tataranietos que aún no han tenido ninguno.

Viven todos todavía.

¿Cuántos hijos tiene el viejo Isaac?

El archivo (**La familia de Isaac**.xls) contiene la solución de este acertijo hecha con EXCEL.

366. ARRIBA EL DADO.

Si Vd. tira un dado 9 veces al aire y las 9 veces obtiene un cuatro, ¿cuál es la probabilidad de obtener un 4 en la siguiente tirada?

367. LA PROMESA.

Un hombre, cuando en 1991 cumplió 65 años, prometió llevar a su familia a ver las pirámides de Egipto, cuando cumpliera 70 años.

Cinco años más tarde, en 1986, cumplió la promesa.

¿Cómo es posible?

368. PARADOJA FARMACOLÓGICA.
¿Por qué este cartel es una paradoja?

```
Con MEMORÍN
Dos horas de memoria de elefante
PRUÉBELO notará la diferencia
```

369. PASTELES POR DOCENAS.
¿Por qué se acostumbra a pedir en las pastelerías, los pasteles por docenas o fracciones de docenas?

370. ¿DENTRO O FUERA?
La curva adjunta es una curva **cerrada simple**.

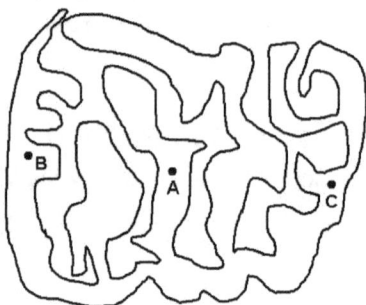

Cerrada, porque se cierra sobre sí misma y no tiene extremos.

Simple, porque que no se corta a sí misma, de modo que si la estiráramos, se podría convertir en una circunferencia.

Este tipo de curvas tiene un "interior" y un "exterior", tan claramente definidos como si de una circunferencia se tratara.

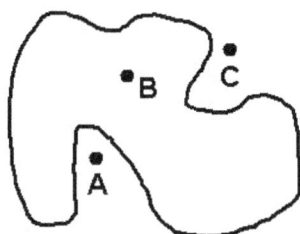

Pero, lo que resulta un tanto dificultoso es determinar en cada caso dónde está cada punto, si dentro o fuera.

En la siguiente imagen, ¿el punto B es interior o exterior a la curva?

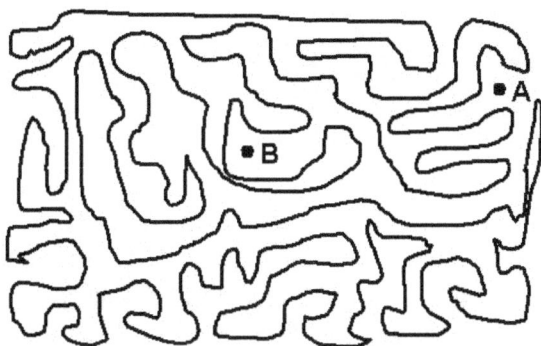

371. NO ALARMARSE.

Durante un reconocimiento médico, la presión arterial de Alicia era tres veces mayor que la de una persona sana normal.

A pesar de ello, ni Alicia, ni el médico se alarmaron.

¿Por qué?

Observación: Los aparatos de medida funcionaban correctamente.

372. EL MEJOR AMIGO (1).

Si el mejor amigo de Jesús es Mario, el mejor amigo de Manuel es Pío y el mejor amigo de Marcelo es Luis.

¿Quién es el mejor amigo de Ricardo?

Tomás, Rubén, Carlos, Andrés, Marcos

373. LA TERNA SIMILAR.

Los números primos 3, 5 y 7 forman una terna.

La diferencia entre uno de ellos y el anterior es 2.

¿Existirá otra terna de primos similar?

374. MENUDA OBRA MAESTRA.

¿Cuál es el título de una obra maestra escrita tan sólo en cinco líneas?

375. LOS NÚMEROS EN TIZA.

Un cierto maestro, con un trozo de tiza, escribió números diferentes en la espalda de ocho de sus niños.

Luego los separó en dos grupos.

A la izquierda puso los que tenían escrito en la espalda los números 1, 2, 3, 4.

A la derecha puso los que tenían escrito en la espalda los números 5, 7, 8, 9.

Los números del grupo de la izquierda suman 10, mientras que los de la derecha suman 29.

Se trata de reordenar a los ocho niños en dos nuevos grupos, de forma que los cuatro números de ambos grupos sumen igual.

El archivo (**Ropa tendida.ppt**) contiene
una presentación de un acertijo similar a este.

376. LA ECUACIÓN DEL SOLITARIO.

Sin efectuar operaciones, halle el valor de A.

$A = 83\ 875\ 683\ 470^2 - (83\ 875\ 683\ 469 \times 83\ 875\ 683\ 471)$

377. LOS GUSTOS DE MI VECINA.

Mi vecina Raquel tiene un gusto muy extraño al hablar de números.

Le gusta el 225 pero no el 224; le gusta el 900 pero no el 800; le gusta el 144 pero no el 145.

Según su particular gusto, ¿cuál le gustará de los números 1.600 o 1.700?

378. CURIOSO LUGAR.

En la tierra existen muchos sitios en los que "ayer" es anterior a "hoy".

¿Qué sitios son esos?

379. REDONDO-REDONDO.

El número 61030 es "cuasi-redondo", pues bastan dos trazos rectilíneos para que sea totalmente redondo.

¿Cuáles son?

380. DOBLE SUMA.

En la figura adjunta aparecen los números del 1 al 9, distribuidos de un modo curioso.

5 8	3
+ 1 4	6
7 2	9
+	

Así como están forman una suma perfecta:

$$583 + 146 = 729$$

Si Vd. gira la hoja noventa grados en sentido horario, forman otra suma perfecta:

$$715 + 248 = 963$$

Encuentre otra disposición de los números que cumpla la misma condición.

381. QUEMANDO CUERDAS (1).

Disponemos de dos cuerdas.

Aunque son de distinto material y no se queman a la misma velocidad, cada una tarda exactamente 60 minutos en quemarse.

¿Cómo podemos medir, con dichas cuerdas, exactamente 45 minutos?

382. SECUENCIA ORIGINAL.

¿Cuál ha sido el criterio empleado para formar la siguiente secuencia?

4 2 5 2 6 0 3 7 6 4 6 9 0 8 0 4 3 4 9 5 7

383. SOLDANDO VARILLAS.

Construimos un cubo soldando convenientemente 12 varillas de alambre de 3 cm. de longitud.

Si una mosca llega a uno de los vértices y recorre luego las aristas, ¿cuál es la mayor distancia que puede recorrer antes de volver por segunda vez a ese vértice y sin repetir ninguna arista?

384. EL GATO SALTARÍN.

Un gato saltó al vacío desde el borde de la ventana de un piso 32 y sin embargo no se mató.
¿Por qué?

385. VENTA DE GANSOS.

Un campesino fue al mercado a vender gansos.

Vendió al primer cliente la mitad de los gansos más medio ganso.

Al segundo cliente la tercera parte del resto más un tercio de ganso.

Al tercer cliente un cuarto de los que le quedaban más tres cuartos de ganso.

Al cuarto cliente un quinto de los que le quedaban más un quinto de ganso.

Volvió a casa con 19 gansos que le sobraron.

¿Cuántos gansos llevó al mercado el campesino?

Hay que tener en cuenta que ningún ganso fue dividido.

El archivo (**Venta de gansos**.xls) contiene
la solución de este acertijo hecha con EXCEL.

386. POR SUMA 21.

Elija seis dígitos que sumados den 21.

$$
\begin{array}{ccc}
9 & 9 & 9 \\
5 & 5 & 5 \\
3 & 3 & 3 \\
1 & 1 & 1
\end{array}
$$

387. TARDARÁ EN SUCEDER.

¿Qué es lo que sucedió hace poco más de cien años, volvió a suceder hace más de 30 años, pero tardará cerca de cuatro mil años en volver a ocurrir?

388. PAGO EXACTO Y PUNTUAL.

Un hombre tomó una posada por 7 días.

No tenía otro dinero que una cadena de plata con 7 eslabones.

Cada día pagaría su estancia con un eslabón, y no se quedarían debiendo nada, ni él a la patrona, ni ella a él.

¿Cómo pagó su estancia si sólo abrió un eslabón?

389. SACANDO CARTAS.

Una caja contiene una baraja de 52 cartas (4 palos de 13 cartas).

¿Cuántas cartas hay que sacar para estar seguro de obtener 7 del mismo palo?

390. EL CERDITO.

¿Cuál es el número mínimo de cerillas que hay que mover para que el cerdito quede mirando hacia el lado contrario?

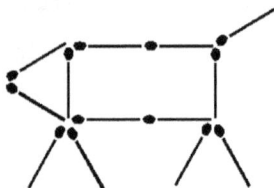

391. LA BIBLIOTECA.

Una biblioteca pública anunció que cada socio podría pedir prestado un número ilimitado de libros y devolverlos a los seis meses.

¿Por qué motivo?

392. MENSAJE SECRETO.

El siguiente mensaje fue interceptado por el servicio de espionaje de los Estados Unidos.

EN VIAJE TAL RES CATEDEL OSA MI GOSRU ¡SOS!

¿Qué es lo que dice?

La solución del siguiente pone de manifiesto, que antes de lanzarse a resolver a lo loco, probando y probando, conviene meditar un poco sobre algunos aspectos del enunciado.

393. DEL TEOREMA DE FERMAT.

La revista Time del 7 de marzo de 1938 daba cuenta de que un tal Samuel Isaac Krieger afirmaba haber descubierto un contraejemplo para el teorema magno de Fermat, ya demostrado en la década de los 90.

Krieger hizo saber que su ejemplo era de la forma $1324^n + 791^n = 1961^n$, siendo n un cierto entero positivo mayor que 2, que Krieger se negaba a revelar.

Un periodista del New York Times, decía Time, pudo demostrar fácilmente que Krieger estaba equivocado.

¿De qué manera?

394. ¿TENDRÁN HIJOS TONTOS?

Carmen y Alberto son mellizos.

Hijos de la misma madre, nacieron el mismo día, del mismo año, a la misma hora y en el mismo sitio.

¿Cómo es posible que se casaran y no se originara un gran escándalo?

395. LOS ASPIRANTES AL PUESTO DE TRABAJO.

Una gran empresa comercial proyectaba en una ocasión abrir una sucursal en cierta ciudad y puso anuncios solicitando tres empleados.

El gerente de personal eligió entre todos los que se presentaron a tres jóvenes que parecían prometer y les dijo: «*Sus sueldos han de ser, al empezar, de 1.000 euros anuales, pagaderos por semestres. Si su trabajo es satisfactorio y decidimos que sigan, se les aumentará el sueldo; pero, díganme que prefieren, ¿un aumento de 150 euros anuales o uno de 50 euros cada semestre?*».

Los dos primeros aceptaron sin ninguna duda la primera alternativa, pero el tercero, después de pensarlo un momento, eligió la segunda.

Inmediatamente lo pusieron al frente de los otros dos.

¿Por qué?

¿Fue acaso que al gerente de personal le gustó su modestia y su aparente deseo de ahorrarle cierto dinero a la compañía?

El archivo (**Los aspirantes al puesto de trabajo.xls**)
contiene este acertijo.

396. BOLAS EN UNA CAJA.

¿Cuántas bolas de 10 cm. de diámetro pueden meterse en una caja vacía, de forma cúbica y 1 m. de lado?

397. PARA LIBRARSE.

¿Cuál es la mejor forma de librarse de un problema?

398. CON WINDOWS.

¿Qué palabra de cinco letras tiene tres consonantes iguales, dos vocales diferentes y Vd. ve muy a menudo mientras trabaja con su PC utilizando Windows?

399. NÚMERO AL REVÉS.

¿Cuál es el número que al revés vale menos?

400. LA SUMA DE LOS CATETOS.

El radio del círculo inscrito en un triángulo rectángulo mide 3 cm., y el del circunscrito, 5 cm.
¿Cuánto vale la suma de los catetos del triángulo?

401. INTRIGA EN EL BAR.

Un policía caminaba por los alrededores de un restaurante cuando oyó un disparo y a alguien gritar: *«¡Juan, deja el arma!».*

Entró al interior y vio a un médico, a un cocinero, a un lechero y un cuerpo muerto en el suelo.

Se encaminó hacia el lechero y lo arrestó.

No vio disparar a nadie y no había nada evidente para probar quien disparó a la persona que estaba en el suelo y nadie le dijo que el asesino era el lechero.

¿Cómo supo el policía inmediatamente que el asesino era el lechero?

402. AL CINE GRATIS.

¿Qué es lo malo de entrar en el cine gratis?

403. DADOS APILADOS (2).

Haga una torre con ocho dados.

¿Sería Vd. capaz, solamente con echar un vistazo, de saber la suma de los puntos de las 15 caras que no se ven desde ningún lado?

404. HUEVO Y FARINATO.

A un niño de 12 años, su madre le pone para cenar un huevo frito y un trozo de farinato en el mismo plato.

El niño se come el huevo y a continuación el farinato.

¿Qué se puede deducir de esta actitud sin temor a equivocarnos?

405. LA QUINTA POTENCIA.

Halle el número n sabiendo que n^5 es un número de siete cifras acabado en 7.

El archivo (**La quinta potencia**.xls) contiene
la solución de este acertijo hecha con EXCEL.

Los (5) siguientes son de estilo parecido.

406. EL ESQUIADOR (1).

Un esquiador se desliza por la pista y a medida que va bajando lo hace cada vez más rápido, tanto es así que a cada minuto dobla su velocidad, tardando media hora en llegar al final de la pista.

¿Cuánto tiempo tardó en llegar hasta la mitad?

407. LA ESPORA SE DIVIDE EN TRES (2).

Un especialista en biología molecular ha conseguido preparar una cepa de una extraña espora que cada hora se divide en tres, todas del mismo tamaño que la primitiva.

A su vez, al cabo de una hora, cada una de las esporas hijas se divide en otras tres, prosiguiendo indefinidamente este proceso.

El experimentador coloca una única espora en un tubo de ensayo perfectamente limpio a mediodía.

Al dar la medianoche, el tubo estaba a punto de desbordarse.

¿A qué hora estaba el tubo a un tercio de su altura?

408. OTRA VEZ LA ESPORA (3).

Las condiciones son exactamente las mismas, pero ahora el biólogo ha puesto no una, sino tres esporas en el tubo de ensayo.

¿A qué hora se habrá llenado del todo?

409. LA TELA DE ARAÑA (4).

Una araña teje su tela en el marco de una ventana.

Cada día duplica la superficie hecha hasta entonces.

Es decir, que si al acabar un día la superficie que tiene la tela es S, durante el día siguiente la araña teje una superficie asimismo igual a S.

De esta forma tarda 30 días en cubrir el hueco de la ventana.

Si en vez de una araña, fueran dos, ¿cuánto tiempo tardarán en cubrir dicho hueco?

410. EL ÁRBOL (5).

Un árbol dobla su altura cada año hasta que alcanza su altura máxima al cabo de 10 años.

¿Cuántos años tardará el árbol en alcanzar la mitad de su altura?

411. LAS TRES CIRCUNFERENCIAS.

Dadas tres circunferencias iguales, tangentes dos a dos, calcule el área encerrada entre las tres.

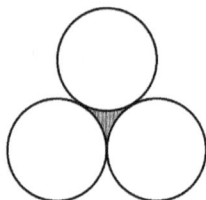

412. EL HUMO DEL TREN.

Un tren eléctrico circula a 60 km/h. en dirección Sur.

Un fuerte viento, a la misma velocidad, se opone a su avance.

¿Cuál es la dirección del humo?

413. PAR = DIEZ.

Si el par es diez, ¿cuál es la decena?

414. UNA BROMA.

¿Sabe Vd. hacer una broma con las ocho letras de BRUNO AMA, reordenándolas convenientemente?

415. TRIÁNGULO CON CINCO BOLAS.

Con 15 bolas de billar, numeradas del 1 al 15, ¿será posible construir un triángulo invertido, utilizando todas las bolas, de tal modo que el valor de las bolas inferiores sea la diferencia en valor absoluto de las dos superiores?

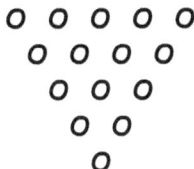

O O O O O
O O O O
O O O
O O
O

La solución es única, excluyendo simetrías. *(George Sicherman)*

El archivo (**Triángulo con 5 bolas.xls**) contiene este acertijo.

416. INTERCALANDO DOS SIGNOS.

Intercale dos signos entre los dígitos adjuntos para que el resultado sea 27.   **4 5 6**

417. DESAYUNO DEL MARINERO.

Cuando el joven pagó su desayuno a la cajera, ella advirtió que él había dibujado un triángulo en el reverso de la cuenta.

Debajo del triángulo había anotado: 13 x 2 = 26.

La cajera sonrió y dijo: «*Veo que eres marinero*».

¿Cómo supo la cajera que el joven era marinero?

418. EL AGENTE MODELO.

El pasado sábado, cuando venía hacia casa he sido testigo de un hecho insólito.

Un niño, de unos 12 años, circulaba en bicicleta a una velocidad de 40 km/h. por una calle donde el límite de velocidad es de 15 km/h.

Un agente de circulación le persiguió hasta alcanzarle.

Después de recordarle algunas normas de tráfico, le impuso una multa que, ¡asombraos!, pagó el propio agente.

¿Encuentra Vd. alguna explicación a este asunto?

419. RESTANDO, RESTANDO.
¿Cuántas veces puede sustraerse 37 de 120?

420. LAS CABRAS DEL PRADO.

En un prado cuadrado de 100 metros de lado, hay cuatro cabras.

Cada una atada a una esquina del prado con una cuerda de 50 metros, lo que permite comer una cierta parte de la hierba del prado, quedando en el centro un trozo que ninguna de ellas alcanza.

El propietario, tras vender tres de las cabras, alargó la cuerda de la que quedaba en una de las esquinas, de tal forma que el área sobre la que podía pastar era equivalente al área sobre la que pastaban anteriormente las cuatro.

¿Qué longitud le dio a la cuerda?

421. NAVEGADORES TELEMÁTICOS.

A mi vecina Pilar le encanta viajar muy barato y sin previos planes.

Cierto día, Pilar, desembarcó para visitar la ciudad en cuyo puerto el barco había hecho escala.

No tenía ni idea en dónde se encontraba.

Tampoco conocía el idioma hablado en esa ciudad.

Paseando por sus calles, le pareció una ciudad bonita y muy moderna y que se encontraba en el hemisferio sur del planeta.

¿Cómo pudo deducir eso?

422. ESTAMPILLAS POR DOCENAS.

Si hay doce estampillas de un céntimo en una docena, ¿cuántas estampillas de dos céntimos habrá en una docena?

423. EL SÍMBOLO INTERCALADO.

Sitúe un símbolo matemático conocido entre 2 y 3, a fin de expresar un número mayor que 2 y menor que 3.

424. AGRADECIMIENTOS.

Viajando, aparecí un día en Londres.

Quedé con "The Times" para escribirles un artículo.

Lo escribí en castellano y se lo tradujo al inglés John Houston.

Al final de la traducción escribí:

1. Agradezco a John Houston la traducción de este artículo.

2. Agradezco a John Houston la traducción de la nota anterior.

3. Agradezco a John Houston la traducción de la nota anterior.

Esta lista habría seguido hasta el infinito en mi costumbre de no dejar nada sin agradecer; sin embargo tuve un motivo razonable para detener las notas en la número tres.

¿Cuál es el motivo?

425. LAS MANZANAS DEL HORTELANO.

Un hortelano lleva un canasto con manzanas.

Encuentra a tres amigos y les da, al primero, la mitad de las manzanas más 2; al segundo, la mitad de las que le quedan más 2 y, al tercero, la mitad de las sobrantes más 2.

Aún sobró una manzana.

¿Cuántas llevaba al principio?

El archivo (**Las manzanas del hortelano.xls**)
contiene la solución de este acertijo hecha con EXCEL.

426. SUBIDA DE LA MAREA.

Aunque el trasatlántico estaba atracado en el puente, la señora Fernández se encontraba tan mareada que no se atrevió a salir de su camarote.

A mediodía, el ojo de buey situado junto a su litera se encontraba exactamente a 7 metros sobre el nivel del agua.

En ese preciso instante, la marea subía a razón de un metro por hora.

Suponiendo que la velocidad con que sube la marea se duplique cada hora, ¿cuánto tardará el agua en cubrir el ojo de buey?

427. ¿CUÁL ES LA AMADA?

Un joven anda "tonteando" con tres hermanas. Hasta que estas un día le presentan un ultimátum: debe decidirse por una.

El joven les contesta con un escrito que al día siguiente les entrega en mano. Al tiempo que les anuncia que debiendo marchar urgentemente de viaje no ha podido puntuar la respuesta, encargando a ellas que coloquen los correspondientes signos.

Se marcha y las mozas se lanzan esperanzadas sobre el papel, cuyo contenido viene en verso. Leen:

Juana Teresa y Leonor
puestas de acuerdo las tres
me piden diga cuál es
la que prefiere mi amor
Si obedecer es rigor
digo pues que amo a Teresa
no a Leonor cuya agudeza
compite consigo ufana
no aspira mi amor a Juana
que no es poca su belleza.

Teresa lo vio claro: ella era la elegida. La puntuación obligada era:

Si obedecer es rigor,
digo, pues, que amo a Teresa.
No a Leonor, cuya agudeza
compite consigo ufana.
No aspira mi amor a Juana,
que no es poca su belleza.

Mas Leonor le respondió que había más signos en la gramática además del punto y de la coma.

¿Qué les parecería esto a sus hermanas?
Si obedecer es rigor,
¿digo, pues, que amo a Teresa?
No. A Leonor, cuya agudeza
compite consigo ufana.
No aspira mi amor a Juana,
que no es poca su belleza.
Entonces Juana, alertada por las interrogaciones introducidas por Leonor y atendiendo al piropo que el galán le dedicaba, discurrió que ella era la elegida y que el versillo podía puntuarse así:

Si obedecer es rigor,
¿digo, pues, que amo a Teresa?
No. ¿A Leonor, cuya agudeza
compite consigo ufana?
No. Aspira mi amor a Juana,
que no es poca su belleza.
Con lo que el enigma no se aclaraba.

Hubieron de esperar al regreso del joven, que demostró ser un frescales, falto sobre todo de delicadeza.

Teniendo en cuenta que ninguna de las tres era la elegida, ¿cuál sería la puntuación del verso?

428. ASESINO MENTIROSO.

El día 28 de diciembre, Antonio encontró muerto al viejo Marcelo en su casa.

Relató los hechos a la policía: *«Caminaba por los alrededores de su casa, cuando oí una fuerte explosión dentro. Como había luz en el interior miré a través de la ventana, tuve que desempañarla para poder ver su cuerpo en el inte-*

rior. Derribé, a golpes con los pies, la puerta de su casa para poder entrar y confirmar lo que acababa de ver a través de la ventana. Llamé entonces a la policía».

El oficial arrestó inmediatamente a Antonio como autor del asesinato del viejo Marcelo.

¿Cómo supo el oficial de policía que Antonio mentía?

429. EL ESQUELETO DEL CUBO.

Se desea construir el esqueleto de un cubo de alambre rígido de 10 cm. de lado, utilizando varillas de 10 cm. de lado, 12 en total, que habrán de soldarse de tres en tres en los ocho vértices del cubo.

Un amigo nos sugiere: *«¿Por qué no rebajar el número de puntos de soldadura, usando uno o más alambres largos, convenientemente doblados en ángulo recto para crear los vértices?».*

Si hiciéramos caso de nuestro amigo, ¿cuál sería el mínimo número de vértices donde haría falta soldar para construir un cubo rígido?

430. ÁREA DEL CUADRADITO.

Tenemos un cuadrado de 10 cm. de lado.

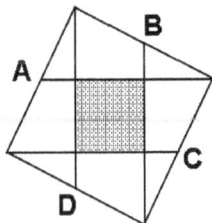

¿Cuánto vale el área del cuadradito sombreado si A, B, C y D son los puntos medios de los lados del cuadrado?

431. LOS MAFIOSOS.

Unos policías están vigilando una casa de mafiosos para saber qué pasa en el interior.

De repente llega un tipo a la casa toca la puerta, se abre una mirilla y desde dentro le dicen: "catorce", a lo que el tipo responde: "siete"; y entra sin problemas.

Minutos más tarde llega otro tipo y toca la puerta, se abre la mirilla y le dicen desde dentro: "dieciocho", el tipo responde: "nueve"; y entra sin problemas.

Una hora más tarde, llega otro tipo y toca la puerta, se abre la mirilla y le dicen desde dentro: "ocho", el tipo responde: "cuatro"; y entra sin problemas.

El jefe de la policía les dice: "La clave consiste en responder la mitad del número que ellos te dicen".

Manda a un policía (sin uniforme), este toca la puerta y le dicen: "cero", después de un momento de confusión el policía responde: "cero"; y lo matan a tiros.

El jefe de policía les dice que fue mala suerte y manda a otro, este llega a la puerta, toca y le dicen desde dentro: "seis", el tipo confiado responde: "tres"; y lo asesinan.

¿Qué pasa?

432. ACERTAR LA BASE DEL SISTEMA DE NUMERACIÓN.

Piense Vd. en la base de un sistema de numeración cualquiera mayor que 2.

Sin preguntarle nada, podré escribirla inmediatamente.
¿Cómo es posible?

433. MUCHO CUIDADO.
El que lo da no lo dice.
El que lo coge no lo sabe.
El que lo sabe no lo quiere.
¿Qué es?

434. COMPLETE EL ROMPECABEZAS.
Un rompecabezas contiene 100 piezas.

Un movimiento consiste en reunir dos grupos de piezas (incluyendo grupos de una única pieza).

¿Cuál es el menor número de movimientos necesario para armar el rompecabezas?

435. UN NÚMERO MÁGICO (3).
Escoja un número cualquiera de cuatro cifras, no todas iguales; por ejemplo, 3.745.

Ordene sus cifras de mayor a menor: 7.543.

Ahora las ordena de menor a mayor: 3.457.

Reste: 7.543-3.457=4.086.

Repita la operación unas cuantas veces con este resultado y los sucesivos.

¿Qué observa?

El archivo (**El número mágico 6.174.xls**)
contiene este acertijo.

436. QUIZÁS HOY VD. ME HA TOCADO.

Vivo sobre una estrella, pero no me quemo.

Convivo con 11 amigos.

Mis iniciales son PQRS.

¿Quién soy?

437. LENGUA MACHISTA.

¿Por qué el castellano es una lengua machista?

438. ¿TRIPLE ASESINATO?

Una mujer dispara a su marido.

Lo mete debajo del agua algo más de cinco minutos.

Finalmente, lo cuelga.

Cinco minutos más tarde se van a cenar juntos.

¿Cómo es posible?

439. LAS DOS ESFERAS.

Nos presentan dos esferas que tienen el mismo volumen, pero una de ellas pesa diez veces más que la otra.

Si sólo podemos coger una, ¿cómo sabremos cuál es la más pesada?

440. EL HEXÁGONO Y EL TRIÁNGULO.

Un triángulo equilátero y un hexágono regular tienen perímetros iguales.

Si el hexágono tiene una superficie de 6 m^2., ¿qué área tiene el triángulo?

441. EL PILOTO Y EL PAQUETE.

Entre un piloto de avión y su amigo tuvo lugar la siguiente conversación:

Piloto: Mañana vuelo hacia Madrid.

Amigo: Si no te desvías mucho de tu rumbo, ¿podrías llevar un paquete a mi hermano?

Piloto: Sí puedo. No tendré que desviarme nada.

¿Dónde tuvo lugar esta conversación?

442. FELIZ CUMPLEAÑOS.

Hace bastantes años oí a un vecino decir: «*Nací el 29 de febrero de 1900*».

¿Cuántos años cumplió en el año 2000?

443. LA MOSCA.

Un camión que pesa exactamente 10.000 kg, carga incluida, entra en un puente de un kilómetro de largo que aguanta como máximo exactamente 10.000 kg., no puede añadirse ni un miligramo de más.

Si en mitad del puente una mosca se apoya en el retrovisor del camión, ¿qué ocurrirá?

444. PROBLEMA AL DUPLICAR.

Mi amigo Jorge desea duplicar una cinta de música que grabó de un concierto de Elton John que duró 50 minutos.

Para realizar la copia compró dos cintas de una hora de duración cada una.

Como solamente disponía de un magnetófono, yo le presté el mío.

Al intentar hacer la copia descubrió que su magnetófono era dos veces más rápido que el mío,y no todo el concierto podía ser copiado.

Además la copia se oía más deprisa y más aguda en su magnetófono.

Cuando me comentó lo que le pasaba, le tuve que decir como podía hacer la duplicación que quería.

¿Vd. sabría hacer la citada duplicación?

445. LA EDAD DEL SR. GÓMEZ.

«Yo tenía n años en el año n^2», gustaba decir el Sr. Gómez a sus amigos.

¿Cuándo nació?

Hablaba en el siglo XX.

El archivo (**La edad del Sr. Gómez.xls**) contiene
la solución de este acertijo hecha con EXCEL.

446. ZAPATERO ESTAFADO.

Una señora compra unos zapatos y paga con un billete de 5.000 ptas. las 3.800 que valen.

Como el zapatero se encuentra sin cambio, acude al bar de al lado a cambiar el billete de 5.000 ptas., devuelve 1.200 ptas. a la señora y ambos quedan satisfechos.

Al poco tiempo llega el dueño del bar alegando que el billete que le cambió es falso y que no quiere perder dinero.

El zapatero entrega otro billete de 5.000 ptas. legal al dueño del bar.

¿Cuánto perdió en total el desventurado zapatero?

447. CON LAS LETRAS "U" Y "E".

Comienzo con la letra u, termino con la letra e y a pesar de todo contengo solamente una letra.
¿Quién soy?

448. ASERRANDO UN CUBO.

Se desea aserrar un cubo de madera de 3 cm. de arista para obtener 27 cubitos de 1 cm.
¿Será posible hacerlo con menos de seis cortes?

449. LOS UNOS Y LOS DOSES.

Restando de 11 el 2, se obtiene 9, que es un cuadrado perfecto.

Restando de 1111 el 22, se obtiene 1.089, que también es un cuadrado perfecto.

Lo curioso es, que siempre que formemos un número con una cantidad par de unos y otro con la mitad de doses, al restar del primero el segundo obtenemos un cuadrado perfecto.
¿Cree Vd. que esta afirmación es cierta?

450. EL LADO DEL ROMBO.

En una plaza circular de R=9 m. se quiere construir un estanque de forma rómbica, según la figura adjunta.
¿Cuánto medirá el lado del rombo?

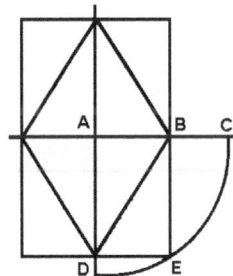

451. CORNILANDIA.

En este país vivía un rey con su pueblo.

Un día al rey le llega la noticia de que algunas de las mujeres del pueblo engañan a sus maridos.

El rey, una vez enterado de quiénes son las mujeres que engañan, manda una carta a cada hombre con la lista de las mujeres infieles, excepto el nombre de la mujer del marido al que se le manda la lista, que puede o no engañarle.

El rey ordena que los maridos descubran si sus respectivas mujeres les angañan y una vez descubierta su infidelidad sean ejecutadas por ellos y colocadas en la puerta de la calle como escarmiento.

Durante este tiempo nadie hablará con nadie y sólo por la noche los maridos podrán mirar las demás puertas, pero eso sí, sin comentar lo más mínimo con nadie.

Pasa el primer día y no aparece ninguna mujer muerta.

Pasa el segundo día y tampoco, así hasta llegar a la noche cincuenta, en la que aparecen de repente todas las mujeres infieles muertas.

¿Cuántas mujeres engañaban a sus maridos?

452. CURIOSO PÁRRAFO.

¿Qué observa Vd. en el siguiente párrafo?

"I'm curious how quickly you can find out what is so unusual about it? It looks so plain you would think nothing was wrong with it! In fact, nothing is wrong with it! It is unusual though. Study it, and think about it, but you still may not find anything odd. But if you work at it a bit, you might find out! Try to do so without any coaching!"

453. DE DERECHAS.

Sólo vale si está a la derecha.

¿Qué es?

454. EXTRAÑA ESCENA.

Un hermoso caballo negro salta sobre una pequeña torre y aterriza sobre un pequeño hombre.

Acto seguido el hombre desaparece.

¿Cómo es posible esta situación?

455. CINCO CONSECUTIVOS.

Encuentre cinco números naturales consecutivos tales que la suma de los cuadrados de los dos mayores sea igual a la suma de los cuadrados de los otros tres.

El archivo (**Cinco consecutivos.xls**) contiene la solución de este acertijo hecha con EXCEL.

456. EL DIQUE Y EL PORTAVIONES.

Supongamos que podemos construir un dique en la forma que queramos.

¿Cuál es la mínima cantidad de agua necesaria para hacer flotar al portaviones Forestal que pesa 80.000 toneladas?

457. CON LA LETRA "E".

Comienzo con la letra e, termino con la letra e, contengo solamente una letra y a pesar de todo, no soy la letra e.

¿Quién soy?

458. MANZANA EN LA HABITACIÓN.

Hay 15 hombres en una habitación vacía.

Cada uno puede ver completamente toda la habitación y a cada uno de los demás hombres.

¿Dónde puede Vd. colocar una manzana de modo que la puedan ver todos menos uno?

459. ESPERANDO EL TRANVÍA.

Tres hermanos, que volvían del teatro a casa, llegaron a la parada del tranvía dispuestos a montarse en el primer vagón que pasase.

El tranvía no llegaba, pero el hermano mayor dijo que debían esperar.

Hermano mediano: Mejor es que sigamos adelante. Cuando el tranvía nos alcance, nos montamos en él, ya habremos recorrido parte del camino y llegaremos antes a casa.

Hermano menor: Si echamos a andar, será preferible que vayamos no hacia adelante, sino hacía atrás; así encontraremos antes al tranvía que venga y antes estaremos en casa.

Como los hermanos no pudieron llegar a un acuerdo, cada uno hizo como pensaba; el mayor se quedó a esperar el tranvía, el mediano, echó a andar hacia delante, y el menor, hacia atrás.

¿Qué hermano llegó antes a casa y cuál de los tres procedió más lógicamente?

460. EL ÁNGULO DE LAS DIAGONALES.

¿Cuántos grados mide el ángulo que forman las dos diagonales de las caras del cubo?

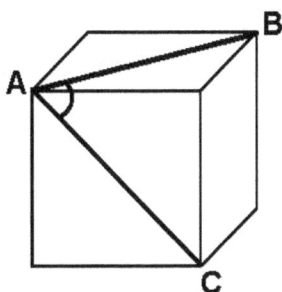

461. PRESOS Y BOINAS (1).

El director de una prisión llama a tres de sus presos, les enseña tres boinas blancas y dos boinas negras, y les dice: «*Voy a colocar a cada uno de ustedes una boina en la cabeza, el primero de ustedes que me indique el color de la suya será puesto en libertad*».

Si los presos están en fila, de manera que el primero no puede ver las boinas de los otros dos, el segundo ve la boina del primero y el tercero ve las boinas de los otros dos, ¿por qué razonamiento uno de los presos obtiene la libertad?

462. SECUENCIA POÉTICA.

¿Qué números siguen en la siguiente sucesión?

24 - 31 - 34 - 45 - 51 - 52 - 55 - ...

Pista: Todos son números cuyos nombres contienen las cinco vocales.

463. HERENCIA DE 39 VACAS.

Un padre repartió entre sus cuatro hijos 39 vacas.

Al primero quería dejarle la mitad de las vacas, al segundo la cuarta parte, al tercero la octava parte y al cuarto la décima parte.

No sabía como hacerlo hasta que un vecino le prestó una vaca más; con 40 vacas pudo dar al primero 20, al segundo 10, al tercero 5 y al cuarto 4, y devolvió la vaca al vecino.

¿Lo hizo bien?

¿Podría Vd. explicar qué ocurre?

464. TACHANDO LETRAS.

Tachando diez letras de "ODICEULZLTETARAS" queda la palabra oculta que Vd. debe descubrir.

¿Se atreve?

465. TRANSPORTE DE UN TESORO.

Cuatro muchachos se encontraron un enorme tesoro de monedas de oro.

De primera intención los cuatro cargaron con pesos iguales, pero los tres mayores vieron que podían con más, y aumentaron su carga con la mitad de lo que habían tomado.

Todavía los dos mayores se vieron capaces de aumentar su carga con un tercio de la que ya llevaban y así lo hicieron.

Pero al cargarlo de nuevo, el mayor se atrevió aún a añadir una quinta parte más de lo que llevaba.

En total se llevaron entre los cuatro 138 kg. de oro.

¿Cuánto cargó cada uno?

El archivo (**Transporte de un tesoro.xls**) contiene la solución de este acertijo hecha con EXCEL.

466. NO ME PIERDAS.

Cuando estoy lleno puedo señalar.

Cuando estoy vacío no puedo moverme.

Tengo dos pieles, una por fuera y otra por dentro.

¿Quién soy?

467. Y LOS SUEÑOS, SUEÑOS SON.

-¡Imposible, es imposible! ¡Parece una inocentada!- exclamó Carlos dejando a un lado el periódico que leía. Escuchad:

HUETE (CUENCA). Un extraño y lamentable suceso ocurrió ayer en las proximidades de esta localidad. El conductor de un automóvil que viajaba con su esposa, empezó a adormilarse. Por indicación de esta, aparcó su vehículo en la cuneta izquierda de la carretera, abrieron las puertas delanteras para mitigar el calor y, en el mismo coche, se quedó profundamente dormido.

Soñó que organizaba el atraco a una importante central bancaria. Sería "el atraco del siglo". Planos, señales de alarma, sistemas de seguridad, reuniones clandestinas, controles de tiempos y un sinfín de detalles bulleron en su mente. Todo estaba perfectamente preparado. Nada podía fallar.

Los acontecimientos se desarrollaron según lo previsto y consiguió llegar hasta una enorme cámara acorazada donde quedó impresionado ante los cientos de millones que contemplaba.

En ese instante, la esposa, creyendo que ya había dormido demasiado y que el viaje se estaba demorando en exceso, le dio unos suaves golpes en el hombro, con tan mala

fortuna que el cuerpo de su marido se inclinó hacia la izquierda, cayó fuera del coche y se despeñó por un barranco,
muriendo en el acto.

¿Por qué dijo Carlos que el suceso era imposible?

468. ASESINATO EN EL BAR.

Un cliente entra en un bar y pide una cerveza.

El hombre que estaba detrás del mostrador sacó una
pistola y disparó al cliente.

¿Por qué?

469. A CABALLO Y A PIE.

El otro día mi primo Carlos iba por un puente a caballo y
sin embargo iba a pie.

¿Será posible?

470. GOLPE DE VISTA.

Dos circunferencias secantes tienen por centros P y Q
respectivamente.

El segmento PQ mide 3 centímetros.

Por uno de los puntos (O) donde se cortas las circunferencias trazamos una recta paralela al segmento PQ.

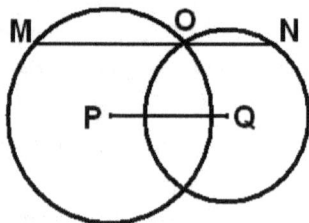

Sean M y N los puntos donde corta dicha recta a las circunferencias.

¿Cuánto mide MN?

471. JUGANDO AL TENIS.

Dos amigos jugaban al tenis.

Jugaron cinco sets y cada uno ganó tres sets.

¿Cómo puede ser esto posible?

472. EL MEJOR AMIGO (2).

La mejor amiga de ELISA es ELVIRA, el mejor amigo de RAMÓN es TOMÁS y el mejor amigo de MARCOS es CAR-LOS.

¿Quién es el/la mejor amigo/a de RAQUEL?

ANDRÉS, MODESTO, SAMUEL, IGNACIO, MARTA

473. LAS MOMIAS DE ADÁN Y EVA.

Un arqueólogo, después de mucho tiempo y esfuerzo encuentra dos sarcófagos en lo más profundo de una extraña pirámide.

Los abre y encuentra en su interior dos momias magníficamente conservadas.

Las desenvuelve cuidadosamente y al momento de terminar, su cara palidece y mientras retrocede, exclama: *«¡Dios mío, son Adán y Eva!»*.

¿Cómo supo de quién se trataba?

474. UN SUEÑO MARAVILLOSO.

Una mujer se levanta por la mañana, despierta a su marido y le dice: «*Cariño, he tenido un sueño maravilloso. He soñado que me regalabas un collar de diamantes por mi cumpleaños. ¿Qué querrá decir?*».

El marido sonríe y le contesta: «*Lo sabrás el día de tu cumpleaños*».

Llega el día del cumpleaños de la esposa y el marido entra en casa con un paquete en la mano.

La mujer, emocionada, se lo quita de las manos, rasga nerviosa el papel, abre rápidamente la caja y encontró...

¿Qué encontró la mujer dentro de la caja?

475. LOS GUARDIANES DE LAS NARANJAS.

Un vagabundo furtivo entró en un huerto ajeno para apropiarse algunas naranjas.

Al salir tropezó con un guardián que, compadecido por su necesidad, le dejó pasar haciéndole entregar la mitad de las naranjas que llevaba y otra media naranja.

Con el segundo guardián consiguió por lástima de sus ruegos, que también le dejase pasar, pero dándole también la mitad de las naranjas que tenía más media naranja.

Y lo mismo exactamente le sucedió con un tercer guardián.

Después de esto el ladronzuelo se vio en campo libre y en posesión de dos naranjas.

¿Cuántas naranjas había cogido al principio?

El archivo (**Los guardianes de las naranjas.xls**) contiene
la solución de este acertijo hecha con EXCEL.

476. CON SENTIDO.

"Un X es un Y, pero un Y no es un X".

Substituya X e Y por palabras para hacer que la oración tenga sentido.

477. INCREÍBLE.

¿Qué la palabra inglesa de siete letras se hace más larga cuando se le quita la tercera letra?

478. LA GUARNICIÓN.

Una arrojada guarnición defendía una gran fortaleza de nieve.

El comandante distribuyó sus tropas como se indica en la figura (el cuadro interior indica el total de soldados: 40 niños).

Cada lado, era defendido por 11 niños.

1	9	1
9	40	9
1	9	1

La guarnición perdió 4 niños en el transcurso de cada uno de los cuatro primeros asaltos y 2 niños durante el quinto y último.

Después de cada asalto, 11 niños seguían defendiendo cada lado de la fortaleza.

¿Podrá Vd. indicar, cómo?

El archivo (**La guarnición.ppt**) contiene una presentación con este acertijo.

479. NO ES LO QUE PARECE.
En las igualdades adjuntas el signo "+" no quiere decir "más".
¿Qué significa, entonces?

$$1 + 4 = 3$$
$$4 + 6 = 7$$
$$6 + 4 = 8$$

480. EL ÁNGULO OBTUSO.
¿Cuánto mide el ángulo obtuso ABC?

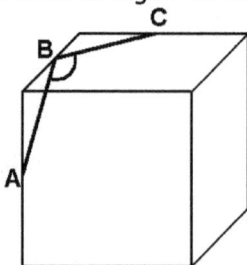

A, B y C son los puntos medios de los lados.

481. EL ORO DE LOS TONTOS.
Vd. debe elegir entre dos cilindros.

Son idénticos en tamaño y apariencia.

Ambos están pintados del mismo color.

Sin embargo, uno es macizo y hecho de una aleación no magnética.

El otro es hueco y de oro.

Ambos tienen extremos sólidos.

Ambos miden lo mismo, pesan lo mismo y tienen la misma densidad.

No está permitido raspar la pintura.

¿Cómo puede determinar de manera simple cuál es el cilindro de oro?

	Pistas: En forma de Pregunta - Respuesta.	
1	¿Puede determinarse la diferencia entre ambos cilindros por su apariencia física?	No
2	¿La solución al problema incluye realizar alguna prueba o experimento físico?	Sí
3	¿Es fácil hacerla?	Sí
4	¿La prueba incluye pesar o sumergir los cilindros en líquido?	No

482. ORIGINAL.

¿Qué tiene de original la siguiente frase?

"Así no se puede hacer nunca nada"

483. EL ANILLO, EL HILO Y LA BOTELLA.

Imagínese una botella vacía de pie encima de la mesa, tapada con un corcho de la manera habitual.

Dentro de la botella hay un anillo de oro que cuelga suspendido por un hilo del corcho.

¿Cómo es posible hacer que el anillo caiga al fondo de la botella sin tocar el corcho ni romper la botella?

484. MUERTE A LA CARTA.

El rey de un cierto país, quiso ser un poco clemente con un famoso ladrón condenado a muerte dándole a elegir su manera de morir.

¿Qué manera cree Vd. que eligió el ladrón?

485. EN EL HIPÓDROMO.

Una tarde en el hipódromo de la Zarzuela me ocurrió algo curioso.

En la 1ª carrera apuesto por un caballo y la cantidad que tenía se ve doblada.

Animado por ello, apuesto en la 2ª carrera 600 ptas. por un caballo y las pierdo.

En la 3ª carrera vuelvo a doblar mi haber.

En la 4ª vuelvo a perder 600 ptas.

La 5ª me permite doblar la cantidad que me quedaba.

En la 6ª pierdo las 600 ptas. que me quedaban.

¿Sabe Vd. con cuánto dinero comencé?

El archivo (**En el hipódromo.xls**) contiene
la solución de este acertijo hecha con EXCEL.

486. DE VIAJE.

¿Qué hay siempre en el centro de París que no se puede encontrar ni en Munich ni en Milán?

487. DICHOSA SEA LA HORA (1).

Tres jovencitas llegan con sus mochilas y petates al hostal de un pueblo.

El recepcionista comprueba el libro de registro y les comunica que no tiene una habitación para ellas.

¿Qué hora es?

488. LA PERA EN LA BOTELLA.

Queremos meter una pera, de tamaño suficiente, en el interior de una botella.

No queremos partirla, ni trocearla, ni deformarla, ni manipularla de ninguna manera.

¿Cómo lo tendremos que hacer?

489. SE DA Y SE TIENE.

Aunque se la dé a alguien, todavía consigo tenerla.

¿Qué es?

490. PINTOR EXCÉNTRICO.

Un pintor excéntrico dice que los mejores cuadros tienen marcos con una superficie igual a su perímetro y son los que él utiliza siempre.

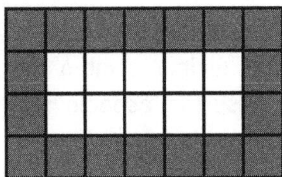

El adjunto no le sirve al pintor:

Área=28   Perímetro=22

¿Podrá Vd. encontrar la longitud de los lados, en números enteros, que debe tener el marco de dichos cuadros?

491. MEDIO LLENO, MEDIO VACÍO.

Tenemos un barril sin tapa con capacidad para 100 litros de vino.

Sin instrumentos de medir y sin sacar vino del barril, ¿cómo podemos saber fácilmente si hay más o menos de 50 litros en su interior?

492. RUEDA, RUEDA Y RUEDA.
¿Qué representa la siguiente secuencia?

0-32-15-19-4-21-2-15-17-34-6-27-13-...

493. EMPOLLANDO HUEVOS.

Un experto granjero sabe que 30 gallinas empollan en 20 días 40 huevos en 4 gallineros.

¿Cuánto tiempo necesitará para hacer que 60 gallinas empollen los 40 huevos en 5 gallineros?

494. SONAMBULISMO.

Ser sonámbulo le había traído a don Manuel más de algún disgusto.

Con los años se había acostumbrado a vivir con ello.

Pero después del último cambio de piso su problema había empezado a resultar especialmente molesto, especialmente para doña Paquita, su mujer.

Desde entonces don Manuel se levantaba noche tras noche, totalmente sonámbulo, abría la puerta de casa y salía a dar una pequeña vuelta.

Doña Paquita, harta de que su marido se largase a las tantas de la madrugada a dar un garbeo por el pueblo con pijama y batín, había infructuosamente buscado una solución al problema.

Acordó con su marido cerrar la puerta con llave, pero don Manuel las cogía al levantarse de madrugada y salía igualmente.

Del mismo modo probaron a cambiar las llaves de sitio, pero don Manuel las encontraba siempre, estuvieran donde estuvieran.

Finalmente, doña Paquita pensó en esconder las llaves en algún lugar complicado, pero no se fiaba de su mala memoria, y ni siquiera sabía leer ni escribir para anotar su localización.

Cuando estaba por darse por vencida, se le ocurrió una eficaz manera de acabar con los molestos viajes sonámbulos de su marido.

¿Cuál fue la solución final adoptada por doña Paquita?

495. COMO ANILLO AL DEDO.

Mi primo Margarito tiene una cantidad fija de anillos y muchas ganas de usarlos todos.

Poniéndose tres anillos por dedo, quedarían cuatro dedos desnudos.

Pero poniéndose un anillo por dedo le sobrarían ocho anillos.

¿Cuántos anillos y cuántos dedos tiene mi primo Margarito?

El archivo (**Como anillo al dedo**.xls)
contiene este acertijo.

496. HEXAEDRO CELESTIAL.

Un cubo de 4 cm. de arista tiene pintada toda su superficie exterior de color blanco.

Realizando los cortes horizontales y verticales adecuados se obtienen 64 cubitos de 1 cm. de lado.

Halle Vd. el número de cubitos que tienen respectivamente 3, 2, 1 y ninguna cara blanca.

497. RECORDANDO A ARQUÍMEDES.

Un barco navega por un canal, próximo a la orilla, con las dos esclusas cerradas.

Un pasajero arroja una moneda de níquel a un muchacho que está en la orilla y la moneda cae al agua.

¿El nivel del agua sube, baja o permanece igual que antes de arrojar la moneda?

498. COMO LA MUERTE.
¿Qué letra es como la muerte?

499. SUICIDIOS.
¿Por qué se suicidan muchos de los que estudian matemáticas?

500. PAQUETE POSTAL.

Un hombre quiere enviar por correo un fluorescente que mide 92 cm. de largo, pero las normas de Correos prohíben los paquetes postales superiores a 55 cm.

¿Cómo podría enviar el objeto por correo sin romperlo, ni doblarlo ni faltar a las ordenanzas de Correos?

501. LAS TAPAS CAMBIADAS.

Se tienen 3 botes, de los cuales uno contiene dos bolas blancas, otro dos bolas negras y el tercero una bola blanca y otra negra.

Las tapas están rotuladas acordemente con las letras BB, NN y BN.

Cambiamos las tapas de modo que ninguno de los botes tenga la que le corresponde.

¿Cómo determinaremos el color de las bolas de cada bote, tomando sólo una bola de uno de los botes?

502. SON PARIENTES (2).
¿Qué emparenta a todas estas palabras?
dolor - resta - millar - faz - solar - lago - siglo

503. NEGROS, BLANCOS Y ROJOS.
Un hombre blanco con zapatos blancos, un hombre negro con zapatos negros y un piel roja con zapatos rojos, en un acto de confraternidad deciden intercambiarse tales prendas, de modo que cada uno use zapatos de dos colores que no sean los suyos.

¿Cuántos pies calzados habrá que ver para saber qué color de zapato lleva cada uno de estos hombres en cada uno de sus pies?

504. UNA VEZ SOLAMENTE.
«Presten atención porque sólo voy a hacerlo una vez».
¿Quién cree Vd. que pronunció esta frase?

505. LOS 5 NEGOCIOS DE TIMOTEO.
(De Pierre Berloquin).
Timoteo ha gastado todo lo que tenía encima en cinco negocios.

En cada uno gastó un franco más que la mitad de lo que tenía al entrar.

¿Cuánto dinero tenía Timoteo al principio?

El archivo (**Los 5 negocios de Timoteo.xls**) contiene la solución de este acertijo hecha con EXCEL.

506. LOS BOTONES DEL ASCENSOR.

El ascensor de un edificio de diez pisos tiene un botón por cada piso, más el botón de la planta baja.

¿Cuál es el botón más usado?

¿Cuál es el botón menos usado?

507. LAS DOS ÚLTIMAS (1).

¿Cuáles son las dos letras siguientes en la serie siguiente y por qué?

C S L D L S E L S S Y _ _

508. LOS CÓNDORES.

Un cóndor sale volando de la cima del Aconcagua hacia la del Chimborazo y vuelve.

Al mismo tiempo, otro cóndor sale volando del Chimborazo hacia el Aconcagua y vuelve.

El primero va y viene seis veces, es decir, hace doce trayectos; el segundo tres (seis trayectos).

¿Cuántas veces se cruzaron y/o sobrepasaron las aves en sus recorridos si ambas terminaron sus vuelos en el mismo momento?

509. TOCAN A DORMIR.

¿Qué hay exactamente en medio de cada almohadón?
Puede verse claramente, pero no oírse.

510. LOS DOS CUADRADOS.

A una circunferencia pueden inscribirse y circunscribir-
se cuadrados como muestra la figura adjunta.

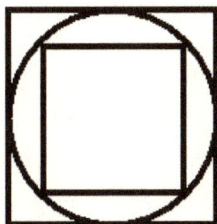

Sabiendo que el área del cuadrado inscrito es de cuatro
unidades de superficie, ¿qué área tiene el cuadrado mayor?

511. LOS PRISIONEROS DE LA TORRE.

Dos sabios fueron capturados por un tirano rey y hechos prisioneros.

Para poner a prueba su inteligencia fueron encerrados
en celdas separadas de una torre, una que miraba hacia el
Este y otra hacia el Oeste, y de modo que no pudieran co-
municarse entre sí.

Desde sus celdas ellos podían ver, entre ambos, todas
las ciudades que componían el reino, pero ninguna ciudad era
visible a la vez por los dos.

El tirano les dijo que las ciudades del reino eran o bien
10 o bien 13, y que ambos serían liberados tan pronto como

uno cualquiera de ellos pudiera anunciarle al carcelero, que cada mañana les llevaba la comida, cuántas ciudades integraban el reino.

Ominosamente, el tirano agregó que sólo iba a alimentarlos durante una semana.

En la quinta mañana, los dos sabios fueron liberados.

¿Qué proceso lógico les llevó a resolver su problema? ¿Cuántas ciudades componen el reino? ¿Cuántas ciudades vio cada uno?

512. VAYA CRITERIO.

Siguiendo un criterio lógico, se tachan los números naturales que no cumplan ese criterio.

¿Cuál es ese criterio lógico, si al final quedan únicamente los números 1, 2 y mil?

513. UNA MEMORIA EXTRAORDINARIA.

Mi amigo Antonio, después de escribir en una hoja de papel una larga fila de cifras (40 o 50) dice que puede repetirla, sin equivocarse, cifra a cifra.

Y, en efecto lo hace, a pesar de que en la sucesión de cifras no se nota ninguna regularidad, ni tampoco mira el papel.

¿Cómo puede hacer esto?

514. TACHANDO.

Tache Vd. las letras sobrantes y quedará un verso célebre:
LUNASVELERTSORASSCOEBLREANBTRESE

515. PRODUCTO DE CONSECUTIVOS.

El producto de cuatro números naturales consecutivos es 3.024.

¿Cuáles son estos números?

El archivo (**Producto de consecutivos.xls**) contiene la solución de este acertijo hecha con EXCEL.

516. LAS MANOS EN LOS BOLSILLOS.

Con los pantalones puestos, ¿cómo introducir completamente la mano derecha en el bolsillo izquierdo del pantalón y la mano izquierda en el bolsillo derecho?

517. POR 10 DÍAS 3 MILLONES.

Un joven que solicitaba un empleo, le dijo al gerente que creía merecer un sueldo de 3 millones de pesetas anuales, pero este no parecía ser de la misma opinión.

«Mire», le dijo, *«un año tiene 365 días. Duerme usted 8 horas diarias, o sea un total de 122 días. Quedan 243. Descansa otras 8 horas diarias, es decir otros 122 días. Quedan 121. Hay 52 domingos en que no trabaja. Quedan así 69 días. Tampoco trabaja por las tardes de los 52 sábados, 26 días en total. Quedan, pues 43. Todos los días pierde una hora para comer, lo que hace otros 15 días. Quedan 28. Tiene dos semanas de vacaciones. Quedan 14 días. Y todavía quedan por lo menos cuatro fiestas. ¿Le parece bien que por 10 días de trabajo le pague 3 millones de pesetas?».*

¿A Vd. qué le parece?

518. DOS BILLETES, DOS.

¿Cómo se podrán reunir 30 euros con sólo dos billetes (no monedas) de curso legal, si uno de ellos no es de 10 euros?

519. LA PREGUNTA DIFÍCIL.

Supongamos que Vd. está sufriendo un examen y participa en este diálogo:

Profesor: ¿Qué prefiere? ¿Qué le haga una pregunta difícil o varias preguntas fáciles?

Alumno: Que me haga una pregunta difícil.

Profesor: ¿De qué color es mi automóvil?

¿Cómo le contestaría?

520. UN PEZ CON CERILLAS.

¿Cuál es el número mínimo de cerillas que hay que mover para conseguir que el pez nade en sentido contrario?

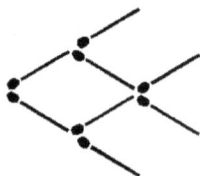

521. LA GRAN CAMINATA.

Sucedió en Manhattan durante la celebración del 4 de julio.

Ese día, nuestro protagonista caminó varios kilómetros recorriendo varias calles.

Era un día soleado y claro y podía ver en cada momento hacia donde se dirigía.

No utilizó ningún disfraz ni ningún transporte inusual.

Aunque Manhattan era un enjambre de gente nadie le vio.
¿Cómo pudo ser posible?

522. A TOMAR EL TÉ.

Todas las letras del abecedario (A, B, C, ...), han de ir a casa de una de ellas, a las cinco de la tarde, a tomar el té.
¿Qué letras llegarán tarde y por qué?

523. EL AMO, EL MONO Y LOS CACAHUETES.

Un mono tiene en un saco muchos cacahuetes.
Cada mañana su amo le mete en el saco 100 cacahuetes.
A lo largo del día, el mono se come la mitad de los cacahuetes que encuentra en el saco y deja la otra mitad.
Cierta noche, después de varios años comportándose así, el amo quiso contar el número de cacahuetes que al mono le quedaban en el saco.
¿Sabe Vd. cuántos había?

524. MÁS VALOR.

¿Qué letra agrega más valor a una pera?

525. NINGÚN NÚMERO PRIMO.

En la decena: 531, 532, ..., 540, no hay ningún número primo.
¿Podría Vd. encontrar una decena menor en la que tampoco haya ningún número primo?

El archivo (**Ningún número primo.xls**) contiene la solución de este acertijo hecha con EXCEL.

526. SIN PARAGUAS NI SOMBRERO.

A mi padre que iba sin paraguas ni sombrero, le pilló ayer un chaparrón.

La ropa se le empapó, pero pese a llevar la cabeza descubierta, no se le mojó ni un pelo.

¿Cómo lo explica Vd.?

527. ALGO EN COMÚN.

¿Qué tienen en común: Charlot, Stalin y mi tía Enriqueta?

528. LA ENCUENTRO, NO LA ENCUENTRO.

La encuentro en una semana.

También la encuentro en un mes.

Mas no la encuentro en un año.

¿Sabría decirme qué es?

529. BARBERO DE SALAMANCA.

¿Qué razón puede tener un barbero salmantino para preferir cortarle el pelo a dos zamoranos antes que a un solo salmantino?

530. TRIÁNGULOS ORIGINALES.

¿Cuál tiene una superficie mayor, un triángulo con lados 5, 5 y 6 o uno con lados 5, 5 y 8?

531. ATRAVESÓ SU SOMBRERO.

Un tirador de primera, se quitó su sombrero, lo colgó, con los ojos vendados se alejó 100 metros, dio media vuelta, disparó con su rifle, la bala atravesó el sombrero.

Tenía los ojos vendados y no podía ver absolutamente nada.

¿Es posible?

532. SECUENCIA DECISORIA.

Complete la siguiente secuencia:

GWB, WJC, GHWB, RWR, JEC, GRF, RMN, LBJ, ???

533. EL SUICIDIO.

La estridente sintonía de uno de los últimos noticiarios de la noche despertó a Walter, que se encontraba plácidamente transpuesto en su sillón favorito, junto al viejo televisor.

Visiblemente alterada, la presentadora se dispuso a leer una noticia de última hora que había llegado a la redacción.

Walter se sobresaltó repentinamente. ¡Oh, Dios mío!, pensó.

Como perseguido por el mismo diablo, pulsó el interruptor de la luz del piso superior y subió cuan presto pudo las escaleras que a este conducían.

Una vez allí, se encaramó sobre la barandilla y alzó la vista hacia el horizonte.

Casi compulsivamente, con un gesto mezcla de rabia y dolor, volvió a bajar la vista al suelo y maldijo su suerte.

En un único momento quiso llorar, quiso gritar, quiso desaparecer.

Walter sacó de su bolsillo un pequeño revólver, lo acercó a su sien y apretó el gatillo.

Su cuerpo ya inerte golpeó la barandilla y con una pirueta diabólica giró, cayendo al vacío hasta ir a parar a la misma puerta de su casa.

¿A qué se dedicaba Walter y qué noticia escuchó en la televisión poco antes de su muerte?

534. EL GLOBO.

¿Es posible pinchar un globo y que no se escape el aire ni que el globo haga ruido?

535. NÚMEROS ROMANOS ALFABÉTICOS.

Imagine que ordena alfabéticamente los 3.999 primeros números romanos.

La lista sería la siguiente:

C(100), CC(200), CCC(300), CCCI(301), CCCII(302), ...

a) ¿Cuáles serían los últimos?

b) ¿Existe alguno que coincida con el nuevo lugar que ocupa?

El archivo (**Números romanos alfabéticos.xls**) contiene la solución de este acertijo hecha con EXCEL.

536. EL TRONCO DE MADERA.

Tenemos un pedazo de tronco de madera que pesa exactamente 4 kilos.

Si corto el tronco en 16 pedazos iguales, ¿cuánto pesará cada pedazo?

537. EL FIN DEL GRAPO.

¿Qué ocurrirá cuando desarticulen al GRAPO?

538. INCREÍBLE.

¿Cómo es posible que una persona nacida en Massachussets, cuyos padres también son de Massachussets, no sea considerado como ciudadano de Estados Unidos?

539. PERDER EL BIKINI.

Una señora en la playa al salir del agua, descubre que ha perdido la parte de abajo del bikini.

¿Qué debe hacer?

540. POSAVASOS Y SERVILLETA.

Tiene un posavasos circular y una servilleta cuadrada.

Halle el centro del posavasos con la ayuda únicamente de la servilleta y un lápiz.

541. QUEMANDO CUERDAS (2).

Disponemos de dos cuerdas.

Aunque son de distinto material y no se queman a la misma velocidad, una tarda exactamente una hora en quemarse y la otra 2 horas.

¿Cómo podemos medir, con ellas, exactamente 45 minutos?

542. CURIOSA SUCESIÓN.

¿Sabe Vd. lo que representa la siguiente sucesión de letras?

**AAAACCCDFGHIIIIKKLMMMMMMMM
NNNNNNNNOOOPRSSTTUVVWWWW**

543. SACANDO LA LENGUA,
TOCARSE LA OREJA.

¿Es Vd. capaz de, sacando la lengua llegar a tocarse la oreja?

544. SEIS VECES.

¿Qué palabra contiene la vocal "e" repetida seis veces?

545. EL REBAÑO MÁS PEQUEÑO.

Un granjero tiene un rebaño de ovejas muy numeroso.

Descubre una gran singularidad con respecto al número de ellas.

Si las cuenta de dos en dos, le sobra una.

Lo mismo ocurre cuando las cuenta de 3 en 3, de 4 en 4, etc., hasta de 10 en 10. ¿Cuál es el rebaño más pequeño que se ajusta a estas condiciones?

El archivo (**El rebaño más pequeño**.xls) contiene la solución de este acertijo hecha con EXCEL.

546. SUEÑO EFICAZ.

El propietario de una tienda de electrodomésticos muy frecuentada por los cacos, contrató los servicios de un vigilante para ahuyentar a las desagradables visitas nocturnas.

Una mañana comentó con un empleado que por la tarde viajaría a Barcelona a visitar la Feria de Muestras.

Vigilante: No vaya en el vuelo de las 7, esta noche he soñado que ese avión se estrellaba.

El dueño se fue en el vuelo de las 5 y, al día siguiente, leyó asombrado que el vaticinio del guarda se había cumplido.

Al regreso, mostró su agradecimiento al empleado con una espléndida gratificación y su disgusto, con una inexplicable frase: *«Queda usted despedido»*.

¿Calificaría Vd. la frase de inexplicable?

547. SÓLO UNA.

Reordene las 19 letras siguientes para formar con ellas solamente una palabra:

NABMOLAENTERAPSUALA.

548. DICHOSA SEA LA HORA (2).

Dos amigos están en un bar de alterne.

Tras invitar a un par de chicas en la barra, entran los cuatro en un reservado.

¿Qué hora es?

549. LA DAMA DEL LAGO.

Una joven damisela estaba de vacaciones en el Lago Circular, un gran estanque artificial llamado así por su forma perfectamente redonda.

Para escapar de un hombre que la perseguía montó en un bote y remó hasta el centro del lago, donde estaba anclada una balsa.

El hombre decidió esperarla en la orilla, sabiendo que tarde o temprano tendría que salir a tierra firme.

Puesto que él podía correr a una velocidad cuatro veces superior a la que ella podía remar, supuso que sería sencillo atraparla tan pronto como el bote tocase la orilla del lago.

Pero la muchacha, licenciada en Matemáticas, reflexionó sobre el problema.

Sabía que una vez en tierra firme podía correr más deprisa que el hombre; bastaba con idear una estrategia para llegar remando a la orilla antes que él.

Pronto encontró un plan sencillo y sus matemáticas aplicadas la salvaron.

¿Cuál fue la estrategia de la muchacha?

(Se supone que ella conoce en todo momento su posición exacta en el lago)

550. FERMAT: EL CENTRO DEL TRIÁNGULO.

Dado un triángulo ABC, encuentre un punto cuya suma de distancias a los vértices sea mínima.

150 PROBLEMAS "ACERTIJOS" MENTALES

Para resolver mentalmente, sin lápiz ni papel y en un tiempo prefijado, generalmente unos cuantos segundos.

M-1. PERROS, GATOS Y LOROS.

¿Cuántos animales tengo en casa sabiendo que todos son perros menos dos, todos son gatos menos dos y todos son loros menos dos?

M-2. MENUDA RAZA DE GIGANTES.

En el Libro del Delirium Tremens se habla de una raza de gigantes muy especial.

Da la casualidad que la altura media de estos gigantes es diez metros más que la mitad de su altura.

Sin pensarlo dos veces, ¿cuánto miden?

M-3. EL PESO DE UN LADRILLO.

Un ladrillo se equilibra con tres cuartos de ladrillo más una pesa de tres cuartos de kilo.

¿Cuánto pesa un ladrillo?

M-4. PROPINAS AL ACOMODADOR.

En un cine hay 1.300 espectadores.

El 13% de ellos le ha dado 5 ptas. de propina al acomodador.

Del 87% restante, la mitad le ha dado 10 ptas. y la otra mitad, nada.

¿Cuánto dinero recibe el acomodador?

M-5. ¿CUANTOS NUEVES?

En una calle hay 100 edificios.

Se llama a un fabricante de números para que ponga números a todas las casas del uno al cien; este tendrá que encargar los números para hacer el trabajo.

¿Cuántos nueves necesitará?

M-8. ¿CUÁNTO BENEFICIO?

Un comerciante compró un artículo por 7 euros, lo vendió por 8, lo volvió a comprar por 9 y lo vendió finalmente por 10.

¿Qué beneficio obtuvo?

M-9. EL PRECIO DE LAS AGUJAS.

¿Cuánto valen 10 agujas de coser a 1.000 ptas. el millar?

M-10. PILOTO DE FORMULA 1.

Un piloto de Fórmula 1 completó una vuelta del circuito del Jarama en un minuto veintitrés segundos.

A este ritmo, ¿cuánto tardará en completar 60 vueltas?

M-11. LOS TANTOS POR CIENTO.

¿Qué es más, el 25% de 75 o el 75% de 25?

M-12. EL PRECIO DE LA BOTELLA.

Una botella de vino cuesta 10 euros.

El vino cuesta nueve euros más que la botella.

¿Cuánto cuesta la botella?

M-13. DOBLE Y MITAD.

¿Cuál es el doble de la mitad del doble de 2?

M-14. SUMA DE CINCO CONSECUTIVOS.

La suma de 5 números naturales consecutivos es 2.000.

¿Cuánto vale el mayor de ellos?

M-15. EL MISMO DINERO.

Arturo y Benito tienen la misma cantidad de dinero.

¿Cuánto tiene que dar Arturo a Benito para que Benito tenga 10 euros. más que Arturo?

M-16. ENTRE PASTORES.

Un pastor le dijo a otro: «*Si te regalo una de mis ovejas, tú tendrías el doble de las que yo tengo. Pero si tú me das una de las tuyas, tendríamos las mismas*».

¿Cuántas ovejas tenía cada uno?

M-17. ANTONIO, PEDRO Y LOS LIMONES.

Antonio y Pedro se encuentran teniendo cada uno de ellos una carga de limones.

Antonio: Si me das tres limones, tendremos cada uno la misma carga.

Pedro: Si tú me das seis limones, tendré el doble de los que te quedan.

¿Cuántos limones llevaba cada uno?

M-18. EL DESGASTE DE LAS RUEDAS.

Un viajante recorrió en coche 5.000 km., permutando regularmente las ruedas (incluida la de repuesto) para que todas sufrieran igual desgaste.

Al terminar el viaje, ¿durante cuántos kilómetros ha sido utilizada cada rueda?

M-19. ¿CUANTA TIERRA?

Cierto pequeño granjero no tenía dinero para pagar sus impuestos.

Como consecuencia, el recaudador real de impuestos le quitó un décimo de sus tierras.

Al granjero le quedaron 10 ha.

¿Cuánta tierra tenía al principio?

M-20. ESCRIBIENDO A MAQUINA.

Carmen pulsa 50 caracteres cada 10 segundos mientras Rosa no pulsa más que 40 en el mismo tiempo.

¿Cuánto tiempo emplearán entre las dos para pulsar 360 caracteres en total?

M-21. DOMINÓ.

Del juego del dominó se separan todas las fichas que tienen un 6.

Quiere Vd. colocar sobre la mesa las 21 fichas que quedan siguiendo las reglas del juego, es decir el 2-3 puede ir empalmado con el 3-5, este con el 5-4, etc.

¿Podrá hacerlo?

M-22. LA AMEBA.

Una ameba se divide en dos (y así se reproduce) exactamente cada minuto.

Dos amebas en un tubo de ensayo pueden llenarlo por completo en dos horas.

¿Cuánto tiempo le llevará a una sola ameba llenar otro tubo de ensayo de la misma capacidad?

M-23. MANOS Y DEDOS.

En una mano hay 5 dedos, en 2 manos hay 10 dedos.

¿Cuántos dedos hay en 10 manos?

M-24. ¿QUÉ HORA SERÁ?

¿Qué hora será, si queda del día la tercera parte de las horas que han pasado?

M-25. DOCENAS DE HUEVOS.

Halle la diferencia entre media docena de docenas de huevos y seis docenas de huevos.

M-26. EL PRECIO DEL OBJETO.

Por un objeto se pagan 9 euros más la mitad de lo que vale.

¿Cuánto vale el objeto?

M-27. LA EPIDEMIA DE LAS OVEJAS.

Un pastor tiene 15 ovejas.

Se le mueren todas menos nueve.

¿Cuántas le quedan?

En muchos problemas es muy importante comprender exactamente lo que se pide hallar, antes de intentar calcularlo.

Si una primera interpretación conduce a contradicciones, o bien la pregunta carece de solución, o bien el problema no se ha comprendido correctamente.

M-28. OTRO LADRILLO.

Si un ladrillo pesa 2 kg. y medio ladrillo.

¿Cuánto pesa un ladrillo y medio?

M-29. LA ALTURA DEL ÁRBOL.

¿Qué altura tiene un árbol, que es 2 metros más corto que un poste de altura triple que la del árbol?

M-30. EL CUENTAKILÓMETROS.

El cuentakilómetros de mi coche muestra 72927 km. que es un número palíndromo.

¿Cuántos km. debo recorrer, como mínimo para poder ver otro palíndromo en el cuentakilómetros?

M-31. DÍAS Y SEGUNDOS.
¿Cuántos días hay en 43.200 segundos?

M-32. ESCALA DE ESTATURAS.
Pedro tiene la estatura que tendrá Juan cuando crezca lo que le falta a Antonio para tener la estatura de Pedro.

¿Qué relación hay entre las estaturas de Pedro, Juan y Antonio?

M-33. PINTANDO UN CUBO.
¿Cuál es el mínimo número de colores necesario para pintar un cubo de forma que dos caras adyacentes no tengan el mismo color?

M-34. DINERO DE JUAN Y PEDRO.
Juan: Si tú me das 3 euros tendré tantos como a ti te quedan.

Pedro: Si tú me das seis tendré el doble de los que a ti te quedan.

¿Cuánto dinero tiene cada uno?

M-35. EL CUBO PINTADO.
Un cubo de madera de 30 cm. de lado se pinta completamente de rojo; luego se sierra en 27 cubitos de 10 cm. de lado cada uno.

¿Cuántos serán los cubitos serrados que presentarían sólo dos caras pintadas?

M-36. EL CEREZO.

A un cerezo subí,
que cerezas tenía,
ni cerezas toqué,
ni cerezas dejé.
¿Cuántas cerezas había?

M-37. OTRO CEREZO.

A un cerezo trepé,
que con cerezas hallé,
yo cerezas no comí,
mas cerezas no dejé.
¿Cuántas cerezas había?

M-38. JUGANDO AL AJEDREZ.

Tres amigos jugaron al ajedrez.
En total jugaron tres partidas.
¿Cuántas partidas jugó cada uno?

M-39. LO DE LA SARDINA.

A real y medio la sardina y media, ¿cuánto costarán siete sardinas y media?

M-40. LO DE LA SARDINA PERO CON HUEVOS.

Docena y media de huevos cuestan seis euros y medio.
¿Cuánto costarán 18 huevos?

M-41. LO DE LOS ARENQUES.

Si un arenque y medio cuesta tres medios peniques,
¿cuánto costarán doce arenques?

M-42. PAN, PAN Y PAN.

Pan, pan y pan, pan y pan y medio, cuatro medios panes y
tres panes y medio, ¿cuántos panes son?

M-43. MEDIAS MEDIAS.

Cuatro medios pares de medias medias, ¿cuántos pares
de medias son?

M-44. LAS CERVEZAS.

Si un hombre y medio beben una cerveza y media en un
día y medio, ¿cuántas cervezas beberán seis hombres en
seis días?

M-45. LOS TATUADORES.

Dos tatuadores y medio pueden tatuar dos sirenas y
media, en los brazos de dos marineros y medio en dos horas
y media.

¿Cuántos tatuadores se necesitarán para tatuar 24
sirenas, en los brazos de 24 marineros en 24 horas?

M-46. NIÑOS Y MOSCAS.

Tres niños cazan 3 moscas en 3 minutos.

¿Cuánto tardarán 30 niños en cazar 30 moscas?

M-47. A MODO DE CHIMENEAS.

Dos fumadores consumen 3 cajetillas diarias.

¿Cuántos fumadores de las mismas características serán necesarios para consumir 90 cajetillas en 30 días?

M-48. LA TORRE EIFFEL.

La torre Eiffel tiene 320 metros de altura y pesa 7.000 toneladas.

Si construyéramos un modelo perfectamente a escala, con el mismo material y que tuviera la mitad de su altura, ¿cuánto pesaría?

M-49. MILÍMETROS CUADRADOS.

Supongamos un cuadrado de un metro de lado, dividido en cuadraditos de un milímetro.

¿Qué longitud se obtendría si colocásemos todos los cuadraditos en línea, adosados unos a otros?

M-50. LAS 16 CERVEZAS.

Cuatro amigos se reúnen en un bar y consumen entre todos 16 cervezas.

Cuando piden la cuenta pretenden pagar cada uno lo suyo.

¿Cuántas cervezas debe pagar cada amigo sabiendo que cada uno de ellos tomó dos cervezas más y/o dos cervezas menos que otro?

M-51. TRIÁNGULO ISÓSCELES DE MAYOR ÁREA.

Los lados iguales de un triángulo isósceles miden 4 cm.

¿Qué longitud deberá tener el tercer lado para conseguir que el triángulo tenga la máxima área posible?

M-52. LOS GATOS DE MARGARITA.

Cuando se le pregunta a la vieja Margarita con cuántos gatos vive, responde melancólicamente: *"Con los cuatro quintos de mis gatos más cuatro quintos de gato"*.

¿Con cuántos gatos vive Margarita?

M-53. LAS FOCAS DEL ZOO.

Estuve el otro día en el zoológico.

Vi focas pero no había muchas.

Sólo vi 7/8 de las focas más 7/8 de foca.

¿Cuántas focas había?

M-54. CONEJOS Y PALOMAS.

En una jaula con conejos y palomas, hay 35 cabezas y 94 patas.

Con estos datos, ¿cuántas aves hay exactamente?

M-55. ¿CUÁNTO TIENE PEDRO?

Entre Pedro, Luis y Antonio tienen 500 ptas.

Sabiendo que Antonio tiene doble que Luis y este tres veces más que Pedro, ¿cuánto tiene Pedro?

M-56. MULAS Y BURROS.

Se han vendido 9 burros y 7 mulas y se ha cobrado por ellos 750 euros.

Sabiendo que los burros los pagan al doble que las mulas, ¿a qué precio se vendieron cada uno de ellas?

M-57. EL TIRO AL BLANCO.

Cada vez que un tirador da en el blanco gana 500 puntos y cada vez que falla pierde 300.

Sabiendo que después de 15 disparos obtuvo 2.700 puntos, ¿cuántas veces hizo diana exactamente?

M-58. ¡OJO QUE ES UN CIRCUITO!

Un caracol tarda una hora y veinte minutos en recorrer un circuito en sentido horario, pero cuando hace ese mismo camino en sentido contrario sólo tarda 80 minutos.

¿A qué se debe esa diferencia?

M-59. CURIOSA PELÍCULA.

Mi amigo Bonifacio, rabioso aficionado al cine descubrió que una película de Buñuel duraba una hora y veinte minutos, los días pares, y sólo ochenta minutos, los impares.

¿A qué será debido?

M-60. OTRA VEZ EL ORIGINAL.

El precio de un cierto artículo estaba rebajado un 20% para su venta.

¿Qué tanto por ciento debe aumentarse el precio del artículo para que de nuevo tenga el precio original?

M-61. TRABALENGUAS.

Con cada bote de detergente la casa fabricante incluye un cupón de regalo.

Una vez reunidos 10 cupones, el cliente puede canjearlos por un nuevo bote de detergente.

¿Cuántos cupones vale un bote de detergente?

M-62. LA GALLINA PONEDORA.

Una gallina pone dos huevos en tres días.

¿Cuántos días se necesitan para que cuatro gallinas pongan dos docenas de huevos?

M-63. ¿CUÁNTA AGUA SE DERRAMÓ?

La tripulación de un barco hundido tenía agua sólo para trece días, un litro al día por persona.

El quinto día se derramó algo de agua sin querer y murió uno de los hombres.

El agua duró exactamente lo que se esperaba.

¿Cuánta agua se derramó?

M-64. LAS DIMENSIONES DEL RECTÁNGULO.

En un rectángulo, el largo es el doble del ancho y el perímetro es de 360 m.

¿Cuáles son las dimensiones del rectángulo?

M-65. LOS CHICOS DE LA FERIA.

A la feria benéfica de la escuela cada chico debía concurrir con un adulto.

Los adultos pagan de entrada dos euros y los chicos un euro.

Se recaudaron 180 euros.

¿Cuántos chicos fueron a la feria?

M-66. MONEDAS DE 5 Y 1 PTA.

Tengo igual cantidad de monedas de 5 ptas. que de 1 pta. y entre todas tengo 90 ptas.

¿Cuántas monedas de cada clase tengo?

M-67. MITOLOGÍA.

¿Cuántas extremidades tienen 3 centauros?

M-68. EN DOS DADOS.

¿Cuántos puntos hay en total en un par de dados?

M-69. ¿SABE DIVIDIR?

Suponga que divide once millares, once cientos y once entre tres.

¿Qué resto le queda?

M-70. PARES CONSECUTIVOS.

La suma de dos números pares consecutivos es 66.

¿Cuáles son esos números?

M-71. BOLI Y LÁPIZ.

Un bolígrafo cuesta 30 ptas. más que un lapicero.

Las dos cosas juntas cuestan 100 ptas.

¿Cuánto cuesta cada una?

M-72. ESCRIBIENDO A MÁQUINA.

Carmen pulsa 50 caracteres cada 10 segundos mientras Rosa no pulsa más que 40 en el mismo tiempo.

¿Cuánto tiempo emplearán entre las dos para pulsar 360 caracteres en total?

M-73. DE DESCUENTOS.

Un descuento del 10% y otro del 20%, aplicados sucesivamente a un artículo, son equivalentes a un único descuento, ¿de cuánto?

M-74. FAMILIA COMIENDO.

Una familia se reúne para comer.

Si cada miembro de la familia come 6 trozos de chorizo, sobran 5, pero si cada uno come 7 faltan 8.

¿Cuántos miembros componen la familia?

M-75. EL PALO Y LA VARA.

¿Qué altura tiene un palo que es cinco metros más corto que una vara de doble altura que el palo?

M-76. LAS CAJAS.

Tenemos tres cajas, individuales y separadas del mismo tamaño.

Dentro de cada caja hay otras dos más pequeñas y en cada una de estas otras cuatro aún menores.

¿Cuántas cajas hay en total?

M-77. AÑOS BISIESTOS.

¿Cuántos años bisiestos hay entre el año 1000 y el año 2000 ambos inclusive?

M-78. DECEPCIÓN TRIANGULAR.

¿Cuál es el área del triángulo de lados 94, 177 y 83?

M-79. PIENSE DESPACIO.

¿Qué número multiplicado por 3 es los 3/4 de 120?

M-80. DIVIDIENDO Y SUMANDO.

Si Vd. divide 30 por un medio y le suma al resultado 10, ¿cuánto le da?

M-81. LOS GRIFOS.

Un grifo llena un depósito de agua en una hora.

Otro grifo llena el mismo depósito en dos horas.

¿En cuánto tiempo lo llenarán los dos juntos?

M-82. BUSCANDO, BUSCANDO.

Busque un número que multiplicado por el doble de 3 nos dé 5.

M-83. EL GANADERO Y EL PIENSO.

Un ganadero tiene pienso para alimentar una vaca durante 27 días y si fuera una oveja para 54 días.

¿Para cuántos días tendría si tuviese que alimentar a la vaca y a la oveja?

M-84. MULTIPLICANDO.

¿Qué dos números naturales hay que multiplicar entre sí para que su producto sea 47?

M-85. DOCENAS DE SELLOS.

Si en una docena hay doce sellos de seis céntimos, ¿cuántos sellos de dos céntimos hay en una docena?

M-86. MÚLTIPLOS PRIMOS.

De todos los múltiplos de un número primo, ¿cuántos son primos?

M-87. EN ROMANOS.

Operando en números romanos, ¿cuánto vale C - LXXIX?

M-88. LA HORA.

¿Qué hora es cuando faltan 90 minutos para la una?

M-89. PROBABLE COLISIÓN.

Dos lentos trenes van por la misma vía en sentido contrario, uno al encuentro del otro.

Les separa una distancia de 87 km.

Un tren va a 25 km/h y el otro a 35 km/h.

¿A qué distancia estarán un minuto antes de colisionar?

M-90. PRODUCTO TOTAL.

Si AxB=24; BxC=24; CxD=32 y BxD=48, ¿cuánto vale
AxBxCxD?

M-91. EN UN MILENIO.

¿Cuántos siglos hay en un milenio?

M-92. SUPERTRUCO DE MAGIA.

Piense un número del 2 al 9.

Multiplíquelo por 9.

Sume los dos dígitos del resultado.

Réstele 5.

¿Qué resultado obtendrá?

M-93. PAR O IMPAR.

El cuadrado de un n° natural impar, ¿es par o impar?

M-94. MEDIO METRO.

¿Qué es mayor medio metro cuadrado o la mitad de un metro cuadrado?

M-95. CON CUATRO NUEVES.

¿Cómo se deberían colocar 4 nueves para que sumen 100?

M-96. CON CUATRO UNOS.

¿Cuál es el mayor número que puede escribirse con cuatro unos?

M-97. CON SEIS UNOS.

Escriba 24 con seis unos y las operaciones elementales.

M-98. GASTANDO.

Tenía 57 ptas. y me he gastado todas menos 12.
¿Cuántas me quedan?

M-99. CONTESTE MUY RÁPIDO.

Imagínese participando en una carrera ciclista.
Si en un momento determinado adelanta Vd. al segundo, ¿en qué lugar se colocaría?

M-100. CONTESTE EN 2 SEGUNDOS.

Imagínese participando en una carrera ciclista.
Si en un momento determinado adelanta Vd. al último,
¿en qué lugar se colocaría?

M-101. BEBIENDO.

Seis hombres beben cerveza en un bar.
En total bebieron 21 vasos.
Si cada uno de ellos ha bebido distinto número de vasos,
¿cuántos ha bebido cada uno?

M-102. HOYOS Y CANICAS.

El otro día jugando a las canicas me sucedió lo siguiente:
si ponía una canica en cada hoyo me sobraba una canica y si
ponía dos canicas en cada hoyo me faltaban dos canicas.

Ya no recuerdo cuántas canicas tenía ni cuántos hoyos
había en el suelo, ¿me podría ayudar Vd.?

M-103. 120 CON 4 OCHOS.

¿Sabría Vd. escribir 120 con ocho ochos?

M-104. CUMPLEAÑOS.

¿Cuántos "cumpleaños" puede celebrar una persona que
viva 50 años?

M-105. LAS 3 PASTILLAS.

Un médico le receta a Vd. 3 pastillas y le dice que se tome una cada media hora.

¿Cuántos minutos le duran a Vd. las pastillas?

M-106. BORRANDO CIFRAS.

Borre 10 cifras del número 12345123451234512345 de manera que el número que quede sea lo más grande posible.

M-107. LOS TORNILLOS.

En un saco hay 24 kg. de tornillos.

¿Cómo podemos pesar 9 kg. usando una balanza?

M-108. ARRANCANDO HOJAS.

A mi hijo de cuatro años le ha dado últimamente por arrancar tacos de hojas de los libros.

El otro día, la primera página que arrancó estaba numerada con el 183 y la última con un número escrito con las mismas cifras en otro orden.

¿Cuántas páginas, no hojas, arrancó?

M-109. CUATRO LUNES, CUATRO VIERNES.

En un mes de enero de cierto año hay exactamente cuatro VIERNES y cuatro LUNES.

¿En qué día de la semana cae el 20 de enero?

M-110. ¿CUÁNTOS GATOS?

Una habitación tiene cuatro rincones.
En cada rincón hay sentado un gato.
Frente a cada gato hay sentados tres gatos.
En cada rabo hay sentado un gato.
¿Cuántos gatos hay en total en la habitación?

M-111. SIN PAPEL NI BOLI.

¿Cuál es el valor de 19 x 13 + 13?

M-112. EDAD DE LUIS.

El cuadrado de la edad de Luis es la cuarta parte del cuadrado de la edad de Juan que es la mitad de 20.
¿Cuál es la edad de Luis?

M-113. LAS FLORES.

¿Cuántas docenas salen con 180 flores?

M-114. EL CUADRADO.

Un cuadrado tiene 144 m^2 de área.
¿Cuál es su perímetro?

M-115. MINUTOS.

¿Cuántos minutos son 6 horas y media, 25 minutos y 120 segundos?

M-116. PRODUCTO DE DEDOS.

Tome el número de sus dedos de las manos, multiplíquelo por el número de dedos de sus pies, divida el resultado por 1/2 y sume el número de meses del año.

¿Qué número obtiene?

M-117. LA FAMILIA.

Una madre y un padre tienen 6 hijos y cada hijo tiene una hermana.

¿Cuántas personas componen la familia?

M-118. NARANJAS.

Juan compró un kilo de plátanos el lunes y se comió la tercera parte de ellos.

El martes se comió la mitad de los que le quedaban.

El miércoles se comió los dos que le quedaban.

¿Cuántos plátanos compró el lunes?

M-119. BUÑUELOS.

A Carlos le encantan los buñuelos.

Puede comerse 32 en una hora.

Su hermano se comería los 32 en 3 horas.

¿En cuánto tiempo se comerían 32 buñuelos entre Carlos y su hermano?

M-120. GRANDE, GRANDE.

¿Cuál es el mayor número que se puede escribir solamente con dos dígitos?

M-121. EL FRUTERO.

El frutero vendió en el mercado, la mitad de los melones que llevaba más medio melón.

Después se comió el melón que le quedó.

¿Cuántos melones llevó al mercado.

M-122. EL TONEL.

Un tonel lleno de vino tiene un peso de 35 kg.

Cuando está lleno hasta la mitad pesa 19 Kg.

¿Cuánto pesa el tonel vacío?

M-123. LAS NUECES.

Alicia, Benito, Carlos, David y Enrique conjeturaban sobre el número de nueces que había en un tarro.

Alicia decía que 30, Benito pensaba que 28, Carlos conjeturaba que 29, David conjeturaba que 25 y Enrique decía que 26.

Dos se equivocaron en una nuez, uno se equivoco en 4, otro en 3 y uno acertó.

¿Cuántas nueces había en el tarro?

M-124. EL ESTABLO.

En un establo hay gallos y caballos.

Entre todos hay 22 cabezas y 72 patas.

¿Cuántos gallos y cuántos caballos hay en el establo?

M-125. EDADES.

Las edades del padre y del hijo suman 66.
La edad del padre es la edad del hijo invertida.
¿Qué edades tienen? *(3 soluciones posibles)*

M-126. NÚMERO DE 4 CIFRAS.

Halle el número de cuatro cifras tal que:
La 2ª cifra es menor que la 4ª.
La 4ª es 2/3 de la 1ª.
La 1ª es 2/3 de la 3ª.
La 3ª es triple que la 2ª.

M-127. ANIMALES DOMÉSTICOS.

Todos los animales domésticos de mi vecina son perros
menos uno y todos son gatos menos uno.
¿Cuántos perros y gatos tiene mi vecina?

M-128. LOS PASEOS DEL PERRO.

Mi hermano saca a pasear a su perro tres veces al día.
Cada paseo dura 13 minutos.
¿Cuántas veces saca a pasear al perro en un año?

M-129. LOS GATOS.

En una habitación cuadrada hay 2 gatos en cada rincón.
Enfrente de cada gato hay 2 gatos y al lado de cada
gato hay un gato.
¿Cuántos gatos hay en la habitación?

M-130. OTRO NÚMERO DE 4 CIFRAS.

Halle el número de cuatro cifras tal que:

La 1ª cifra es 1/3 de la 2ª.

La 3ª es la suma de la 1ª y la 2ª.

La 4ª es tres veces la 2ª.

M-131. SUMA DE CONSECUTIVAS.

¿Qué tres números consecutivos suman 9.000?

M-132. PANES Y HORAS.

¿Qué es mayor, los panes que hay en 13 docenas o las horas de una semana?

M-133. LOS CERDOS.

Juan y Benito tienen cerdos.

Juan: Si me das 2 cerdos tuyos tendremos el mismo número de cerdos.

Benito: Si me los das tú a mí, yo tendré el doble.

¿Cuántos cerdos tiene cada uno?

M-134. LOS TRESES.

Si escribimos todos los números comprendidos entre 300 y 400, ¿cuántas veces aparece el dígito 3?

M-135. QUEBRADOS.

¿Qué número es 2/3 de la mitad de 1/4 de 240?

M-136. MÁS QUEBRADOS.
¿Qué número es 2/3 del doble del triple de 5?

M-137. LOS SALUDOS.
Cuatro personas se saludan con un apretón de manos.
¿Cuántos apretones de manos hubo?

M-138. LOS PINTORES.
Un pintor puede pintar una habitación en 4 horas.
Otro pintor puede pintarla en 2 horas.
¿Cuánto tardarían si la pintasen trabajando juntos?

M-139. PROBLEMAS DE MATEMÁTICAS.
Para estimular a su hijo en el estudio de las matemáticas, un padre acuerda pagar a su hijo 8 céntimos de euro por cada problema solucionado correctamente.
También, le quitará 5 céntimos por cada incorrecto.
Al final de los 26 problemas quedaron en paz.
¿Cuántos problemas solucionó el hijo correctamente?

M-140. LA TELA COLOREADA.
Un trozo de tela se colorea como sigue: 3/4 partes de negro y los 80 cm. restantes de rojo.
¿Cuánto mide el trozo de tela?

M-141. LARGO PRODUCTO.
¿Cuál es el producto de todos los números enteros no negativos menores que 10?

M-142. OTRO NÚMERO.

Halle el número que es la mitad de 1/4 de 1/10 de 400.

M-143. CUADRADOS PERFECTOS.

¿Cuántos números que sean cuadrados perfectos hay entre 1 y 1.000.000, ambos incluidos?

Ejemplos: 16=4x4, 121=11x11

M-144. MENUDA ESCAVADORA.

Si un hombre tarda una hora en cavar un agujero de 2 metros de largo por 2 de ancho por 2 de profundo, ¿cuánto tiempo tardaría el mismo hombre en cavar un agujero de 4 metros de largo por 4 de ancho por 4 de profundo?
Se asume que cava a la misma velocidad.

M-145. LOS NEUMÁTICOS.

Antonio recorrió con su bicicleta 300 km.
Tres neumáticos fueron utilizados por igual para recorrer dicha distancia.
¿Cuántos kilómetros fue utilizado cada neumático?

M-146. HALTEROFILIA.

Fernando puso un disco de 25 kg. en cada extremo de la barra, otro disco de 10 kg. en cada extremo y tres discos de 2 kg. en cada extremo.
Después, tras unos segundos de concentración levantó todo el conjunto sobre su cabeza.
¿Qué peso total levantó Fernando sobre su cabeza?

M-147. MADERERO CORTADOR.

El maderero cobra 5 euros por cortar un tronco de madera en dos pedazos.
¿Cuánto cobrará por cortarlo en cuatro pedazos?

M-148. LA RUEDA DE LA BICI.

Una rueda de mi bicicleta tiene 21 radios.
¿Cuántos espacios hay entre los radios?

M-149. CERDOS Y PALOMAS.

En una jaula hay 30 ojos y 44 patas.
¿Cuántos cerdos y palomas hay en la jaula?

M-150. UN EURO.

¿Cómo se puede conseguir exactamente un euro con 50 monedas?

LAS SOLUCIONES

SABIA DECISIÓN. *"Si se perdiera el feto, te acuestas otra vez con ella y le haces otro".*

251. Cuando el centinela entró en la torre, ella comenzó a cruzar hacia Suiza.

Cuando el centinela salió, ella comenzó a caminar de nuevo hacia Alemania, el centinela la vio y le hizo dar la vuelta nuevamente hacia Suiza.

252. Pescado. Es el único de los cinco elementos que no se tiene que poner.

253. En puré, naturalmente.

Esta solución es válida sea cual sea el número de niños y el número de patatas.

En un concurso celebrado en el instituto Fray Luis de León de Salamanca, uno de los alumnos (Moisés González Sánchez) dio una solución muy original, que aunque aceptamos en este caso concreto, no sería válida en otros. La solución que aportó fue la siguiente: *"Se colocan en fila los 6 niños y se intercalan las patatas entre ellos: N p N p N p N p N p N".*

254. Por ejemplo así: *«Pepe y Paco han ido de caza con sus canes».*

255.

6	2	1	0	0	0	1	0	0	0
0	1	2	3	4	5	6	7	8	9

El archivo (**Del cero al nueve.xls**)
contiene este acertijo.

256. Por ejemplo: poniendo un terrón en cada taza.

No se dice que haya que utilizar todos los terrones.

257. La respuesta corriente (errónea) es a las 6.
La respuesta correcta es a las 5.

1	2	3	4	5	6	7	8	9
1		2		3		4		5

Cuando el de Ana dio las 5, el de Carlos dio 3 campanadas. Luego dio 2 más.

258. Dice: "ES UN MENSAJE FACIL".

259. Se adjuntan seis soluciones distintas:

```
        9              9              9
      6 8 2          1 4 7          7 1 2
    3 5 6 1 4      5 8 2 3 6      5 8 3 4 6
    4 3 4 3 4      6 0 6 0 6      6 6 3 6 6

        6              7              8
      9 5 7          3 1 8          7 3 9
    2 8 4 1 3      4 6 9 2 5      5 2 4 1 6
    3 8 5 8 3      5 0 8 0 5      6 0 6 0 6
```

260.

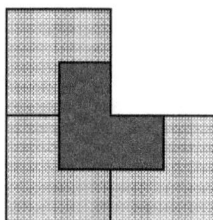

261. Cuando el café todavía está en grano o en polvo.

262. Griego.
La primera palabra contiene dos aes, la segunda dos bes, etc.

263. Está contenido en las estipulaciones del padre, que o no andaba muy bien de Aritmética o quiso dar a sus hijos algo en qué pensar; pues resulta que la suma de las fracciones 1/2, 1/3 y 1/9 no da como resultado, la unidad, como tenía que ocurrir si se quiere que no sobre nada, sino que es igual a 17/18.

264. Si quita "TODAS LAS LETRAS INNECESARIAS", le queda "UNA ORACIÓN LÓGICA".

265. La única solución es: $2^5 9^2$ = 2592.
El archivo (**Error mecanográfico.xls**) contiene la solución de este acertijo hecha con EXCEL.

266. 55 + 5 = 60.

267. Madre = Niño + 21
Madre + 6 = (Niño + 6)x5
Niño + 21 + 6 = (Niño + 6)x5
Niño + 27 = 5xNiño + 30
-3 = 4xNiño ⇒ Niño = -3/4
El niño aún no ha nacido.
[En versiones más humorísticas de este acertijo la pregunta es: ¿Dónde está el padre? Después de llegar a la solución, la respuesta es obvia]

268. Después de tachar SEIS LETRAS, las letras restantes deletrean PLÁTANO.

269. Efectivamente, es el 68.

270. Es imposible.
Al dar la vuelta a dos copas a la vez, las únicas alternativas son: o bien ambas están en la misma posición, o bien una está boca arriba y la otra boca abajo.

En el segundo caso, no se modifica nada

En el primero, la cantidad de copas que apuntan en una dirección aumenta en dos y la cantidad de copas que apunta en la otra disminuye en dos; luego, es imposible aumentar o disminuir ese número en una sola unidad, que es lo que se pide.

271. Irá rotando las tres cintas.

Sean 1A-1B-2A-2B-3A-3B las 6 caras de las tres cintas.

Primeros 30 minutos: 1A - 2A.

Siguientes 30 minutos: 1B - 3A.

Últimos 30 minutos: 2B - 3B.

Se ha dado un minuto para la rotación.

272. Cada número corresponde a la cantidad de letras del número anterior.

El UNO tiene 3 letras, el TRES tiene 4, etc.

273. Cero. Uno de los factores vale cero, este es (x-x).

274. Porque el tiempo sin "ti", es "empo".

275. Dos sabios consejos.

PRIMERO:
Pintar el retrato a
su manera habitual.

Original   *Pinta*

SEGUNDO:
Pintar ese a
su manera
habitual.

Darle el anterior girado 90°   *Pinta*

Esta copia será el retrato de tamaño real que queríamos.

El archivo (**El pintor madrileño**.ppt) contiene
una presentación con este acertijo.

276. Tres cajas pequeñas, conteniendo 1, 3 y 5 bolas respectivamente se hallan dentro de una caja mayor que las contiene a
todas (9).

277. Una hora.
La alarma lo despertó a las nueve de esa misma noche.

278. Basta con encontrar un nombre que contenga las cinco
vocales. Por ejemplo: AURELIO.

279. El año 1961.

280. Siete cuadrados.

281. Un par de patines.

282. La letra que completa la serie es la "e".
Las letras son las vocales de la pregunta "¿Qué letra completa
la siguiente serie?".

283. Poniendo en cada bolsillo las mínimas cantidades posibles, el primer bolsillo contendría cero billetes, el segundo, uno, el
tercero, dos, y así sucesivamente, hasta el décimo bolsillo, donde
meteríamos nueve billetes.

Ahora bien, 1+2+3+4+5+6+7+8+9=45, que rebasa el número de billetes disponibles.

Evidentemente, no hay forma de rebajar el número de billetes de ningún bolsillo sin incurrir en repeticiones.

284. a) Verdadera. 5 x 4'20 + 2 = 21 + 2 = 23.
b) Verdadera. 5 x 8'40 + 2 = 42 + 2 = 44.
c) Verdadera. 10 x 6'60 + 4 = 66 + 4 = 70.

285. No tres, sino infinitos que cumplan tal condición: 999.999, 999.999.999, 999.999.999.999, etc.
El archivo (**Tres agujas en un pajar.xls**) contiene la solución de este acertijo hecha con EXCEL.

286. 364.
El archivo (**Divisibilidad por 7.ppt**) contiene una presentación de este acertijo.

287. Nació en el hospital en la habitación 1955.

288. Si la cajera no podía cambiar un dólar, entonces no podía haber en la caja más de un medio dólar.

Si no podía cambiar medio dólar, la caja no podía tener más de una moneda de veinticinco y no más de cuatro de diez.

Que no tuviera cambio de diez centavos significa que no tenía más que una moneda de cinco, y que no tuviera cambio de cinco centavos significa que no tenía más que cuatro monedas de un centavo.

Así, la caja registradora no podía tener más que:

1 medio dólar	0'50 $
1 de veinticinco centavos	0'25 $
4 de diez centavos	0'40 $
1 de cinco centavos	0'05 $
4 de un centavo	0'04 $
TOTAL	1'24 $

Sin embargo, se puede dar cambio de un dólar con estas monedas (por ejemplo, un medio dólar, una moneda de veinticinco centavos, dos de diez y una de cinco), pero sabemos que la caja registradora no puede tener más monedas que las consignadas anteriormente.

Sumadas dan 1'24 $, que es 9 centavos más que 1'15 $, la cantidad que la cajera dice que tiene.

Ahora bien, la única manera de juntar 9 centavos es con una moneda de cinco centavos y cuatro de uno, de modo que esas son las monedas que debemos eliminar.

Las monedas restantes (una de un medio dólar, una de veinticinco y cuatro de diez) no permiten dar cambio de un dólar ni de ninguna moneda más chica y, suman 1'15 $, así que esta es la única respuesta.

289. No es primo ya que: 999.991 = 1.000.000 - 9 =
= $1.000^2 - 3^2$ = (1.000 - 3)(1.000 + 3) = 997 x 1.003.

290. Se muestran cinco soluciones.

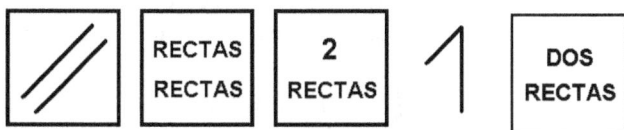

	RECTAS	2		DOS
//	RECTAS	RECTAS	/\	RECTAS

En la cuarta, el 1 es el cuadrado de 1.

291. Llenando el hoyo con agua, la pelota flotará hasta llegar a la superficie.

292. El número indica la cantidad de letras que hay en el abecedario entre las dos letras que aparecen.

Así entre A y C hay una (la B); entre A y D, dos; y así hasta las catorce que hay entre D y R.

293. No, a no ser que dé al pequeño una tortilla francesa con las alas de los dos pollos.

294. Tengo un resfriado de narices.

295. Fueron 324 soldados: $324 = 18^2$. $325 = 13 \times 5^2$.
El archivo (**Soldados combativos.xls**) contiene la solución de este acertijo hecha con EXCEL.

296. Ninguno.
Si hubiera alguno terminaría en 2 y por tanto no sería primo.

297. Los tres gatos serían suficientes.
Si consiguieran cazar un ratón por minuto entre los tres, en cien minutos cazarían cien ratones.

298. "SÓLO UNA COSA NO HAY. ES EL OLVIDO".

299. El cinco.

300. Ponga 7 monedas en un vaso, dos en otro y una en el último, pero meta el vaso que contiene 1 dentro del vaso que contiene 2.

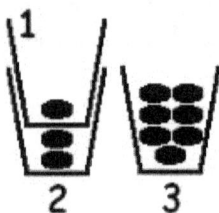

Existen en total 15 soluciones.
¿Se atreve Vd. a encontrarlas?
Las 14 restantes: 1-0-9, 1-2-7, 1-4-5, 1-6-3, 1-8-1, 3-0-7, 3-2-5, 3-4-3, 3-6-1, 5-0-5, 5-2-3, 5-4-1, 7-0-3, 9-0-1.
(El tercer vaso se mete dentro del segundo).

301. Sean 1, 2 y 3 las llaves.

Activamos la llave 1 durante un rato.

Desactivamos la 1 y activamos la 2, lo que nos conduce a tres posibilidades:

Si la bombilla esta encendida y fría: La 2.

Si la bombilla esta apagada y fría: La 3.

Si la bombilla esta apagada y caliente: La 1.

302. Son las letras que no figuran en el nombre de ningún número.

303. Cada mes tiene 11 fechas ambiguas (la fecha 8-8-77 no es ambigua), por lo que en total hay 11x12=132.

[La fecha 8-8-77, también podría considerarse "ambigua", porque no se sabe si el primer 8 significa mes o día. En este caso la solución sería 12x12=144]

304. Ni 26, ni 27, "en el abecedario" hay 14 letras.

305. Numeramos los huevos de 1 a 12.

El archivo (**El huevo sorpresa.xls**)
contiene este acertijo.

El archivo (**El huevo sorpresa.ppt**)
contiene este acertijo.

La pesada que compare los huevos 1, 2 y 3 en el platillo izquierdo con los 4, 5 y 6 en el platillo derecho será indicada así: 123 - 456.

El resultado de esta pesada será indicado así:

123 > 456 si pesan más los del platillo izquierdo.

123 = 456 si la balanza queda en equilibrio.

123 < 456 si pesan más los del platillo derecho.

Llamaremos a los huevos:

P si es el sorpresa y más pesado que los demás.

L si es el sorpresa y más ligero que los demás.

Todas las posibilidades se resumen en las siguientes tablas:

1ª PESADA	1234 > 5678						
2ª PESADA	125 - 349						
	>		=		<		
3ª PESADA	1 - 2		6 - 7		3 - 4		
	>	<	>	=	<	>	=	<
Huevo sorpresa	1	2	7	8	6	3	5	4
El huevo es	P	P	L	L	L	P	L	P

1234 = 5678			1234 < 5678		
123 - 9 10 11			125 - 346		
>	=	<	>	=	<
9 - 10	1 - 12	9 - 10	1 - 2	6 - 7	3 - 4

>	=	<	>	<	>	=	<	>	<	>	=	<	>	=	<
10	11	9	12	12	9	11	10	2	1	6	8	7	4	5	3
L	L	L	L	P	P	P	P	L	L	P	P	P	L	P	L

306. Realmente, este problema no es más que un ejemplo de como se pueden enredar las cosas en cualquier problema sin fundamento alguno.

Los clientes pagaron 27 euros, que fueron a parar, 25 a la caja y dos al camarero.

Todo cuadra perfectamente: 9x3 = 27 = 25 + 2.

307. Sí. Todos los años tienen algún martes y 13.

308. Juliana.

Que además esconde: Juana, Julia, Lía, Ana, Julián y Juan.

309. 545+5 = 550.

310. Es la cuarta parte del área del cuadrado: 16/4 = 4.

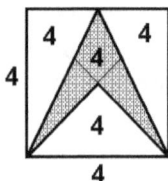

311. El tercer hijo compró una vela y una caja de cerillas. Después de encender la vela, llenó de luz la habitación.

312. Todas contienen tres letras consecutivas del alfabeto.

313. Al número final le restamos 7 y al resultado lo dividimos por 9, dará el número de partida.
Siguiendo con el ejemplo: 3076 - 7 = 3069 : 9 = 341.
El archivo (**Curiosidad con tres dados.xls**) contiene
la solución de este acertijo hecha con EXCEL.

314. UNA FRASE CORTA.

315. DINAMARCA + IGUANA.
El archivo (**Asombrosa predicción.ppt**)
contiene este acertijo.
El archivo (**Asombrosa predicción.xls**)
contiene este acertijo.

316. Ponga el papel boca abajo, quedará 108 = 6 x 18, que es una multiplicación correcta.

317. La mosca se mueve a una velocidad constante de un centímetro cada dos segundos.
¿Se le ocurrió a Vd. pensar que la distancia desde el centro de la regla hasta la marca de 1 centímetro es de sólo cuatro centímetros?

318. Honrado.

319. MIL. IVI.

320. Se mueva como se mueva, el granjero nunca puede atrapar al gallo, ni su esposa a la gallina.
Si el granjero va tras la gallina y su esposa tras el gallo serán fácilmente capturadas.

Una de ellas puede atraparse en el octavo movimiento y la otra en el noveno.

321. Es una historia verdadera de Taiwán.
Cuando el hombre rico entró en la cabina de teléfonos, encontró una paloma mensajera en una jaula.
Había un mensaje que instaba al hombre a poner el diamante en un pequeño bolso que estaba alrededor del cuello de la paloma y lanzar a esta al aire.
Cuando el hombre hizo esto la policía fue incapaz de seguir a la paloma ni detener al dueño.

322. MESA. Los medios de transporte son: AVIÓN, BARCO, TROLEBÚS Y TELEFÉRICO.

323. Sí puede ser capaz. Solamente tiene que restar de 21 los puntos de la cara superior.

324. NUNCA.

325. Se aplaude 22 veces del 1 al 100 y 24 del 101 al 200.
El archivo (**El juego de los aplausos (2).xls**) contiene
la solución de este acertijo hecha con EXCEL.

326. Sí. 1 + 1 + 5 + 13 = 20.

327. FÁCIL.
Todas ellas se forman con el nombre de dos notas musicales.

328. Desnudarse.

329. Las únicas tres cifras que no se desfiguran en el espejo son 1, 0 y 8.
El año que se busca es el 1818: $1818 \times 4\frac{1}{2} = 8181$.

330. Se muestran cuatro soluciones:

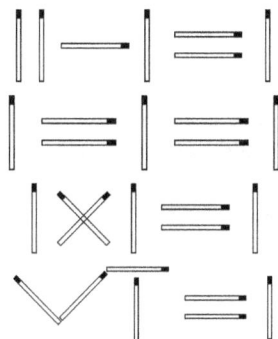

331. En la pared había una lista de precios.
Indicaba que los cachorros de caniche costaban 8 euros, los de labrador 9 y los de alsaciano 10.
El primer hombre pagó con un billete de diez euros, por lo que podía querer cualquiera de las tres razas.
El segundo hombre pagó con un billete de cinco euros y cinco monedas de euro.
El vendedor dedujo correctamente que deseaba un alsaciano.

332. En el Grupo 1.
Sus letras están en la primera mitad del abecedario.

333. Al final de la noche del viernes, perdió.
Cuantas más veces haya jugado, más dinero habrá perdido.
El sábado perdió 9 euros y 25 céntimos.
Terminó con 6 euros y 75 céntimos.

334. La letra a.

335. Se obtiene el número "ababab".
Siendo "ab" el número de dos cifras de partida.
El archivo (**Los mágicos 21 y 481**.xls)
contiene este acertijo.

336. Ponga diez menos diez, que, como todos los que tenemos reloj sabemos, es lo mismo que nueve y cincuenta.

337. El 31 de enero de 2005.
Los únicos días 31 que pueden dar una periodicidad mensual perfecta son el 31 de julio y el 31 de enero.

338. "Tire" y "empuje".

339. UNO, DOS.

340. Un metro cuadrado.

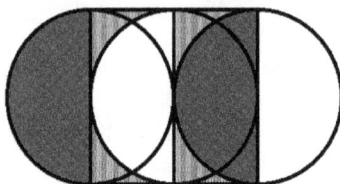

Es el área de un cuadrado de un metro de lado según se observa en la figura adjunta.

341. Compró una sandía.
El jugo para beber, la pulpa para comer, las semillas para plantar en el jardín y la cáscara para alimentar a las vacas.

342. El número de letras de cada palabra se corresponde con cada una de las cifras del número π.

343. Hay que subir dos veces y media más.

344. Seis.

345. Siempre llegamos a 1.
El archivo (**Siempre llegamos.xls**)
contiene este acertijo.

346. Cada niño recibe: 1/2 + 1/4 = 3/4 = 9/12 de manzana. Seis manzanas se dividen en dos partes cada una y las tres restantes se dividen en cuatro partes cada una.

Otra solución aportada por Diego Focanti desde Buenos Aires, Argentina: Quitando un cuarto a cada manzana, 9 niños reciben tres cuartos en una pieza; los otros 3 reciben tres trozos de un cuarto de manzana cada uno. Por tanto, cada niño tiene 3/4 de manzana y todas han sido divididas en dos partes.

347. Las dos contaron el mismo número de transeúntes.

Efectivamente, aunque la que estaba en la puerta contó los transeúntes que pasaban en ambos sentidos, la que iba y venía por la acera vio doble número de personas yendo a su encuentro.

348. La G y la U. Están en el centro del AGUA.

349. Tache el primer uno, los tres sietes y los dos primeros nueves. En efecto, 11+9=20.

350. A la 1ª y a la 3ª.

En efecto, contra lo que a primera vista pudiera parecer, la 4ª no interviene (ni la 2ª, por supuesto), ya que si su color fuese azul, no intervendría en el resultado, al igual que la 2ª; y si fuese rojo no alteraría el resultado obtenido al mirar la 1ª y la 3ª.

351. La ingeniosa joven se presentó en palacio: a la hora del crepúsculo, envuelta en un camisón de fino lino y sentada a horcajadas sobre la espalda de un fornido criado.

El rey, sorprendido, perdonó a su primer ministro y le repuso en su cargo pensando para sus adentros, que el que tiene hijas tan astutas debía ser un hombre muy valioso e inteligente.

352. Rádar. Es la única capicúa.

353. 25 días, que corresponden a 12 cm. de los tres tomos intermedios, 0'25 cm. de la primera tapa del primer tomo y 0'25 cm. de la segunda tapa del último tomo.

354. El nieto era un sacerdote.

355. El 26 y el 27. 26^3=17.576. 27^3=19.683.
El archivo (**Curiosa propiedad (1).xls**) contiene la solución de este acertijo hecha con EXCEL.

356. Se está hablando del número de letras de los números 2, 3, 4 y 6.

357. Nos apoyamos en el principio de Arquímedes.
Introducimos la estatua en la barca, la cual, indudablemente, se introducirá más profundamente en el agua.
Marcamos el nivel hasta el cual se ha hundido la barca.
Sacamos la estatua y llenamos la barca de piedras, hasta que se alcance el nivel marcado anteriormente.
Pesamos estas piedras (que podemos pesarlas tantas veces como queramos) y ya tenemos el peso de la estatua.

358. No es posible.

359. El 8.

360.

361. Contó los huesos.

362. 2 y 2 son 4, 4 y 2 son 6, 6 y 2 son 8 y 8, 16.

363. Todo, en el mundo de mi sobrino, debe tener alguna letra repetida.

364. UNA SOLA PALABRA.

365. Siete.
El archivo (**La familia de Isaac.xls**) contiene la solución de este acertijo hecha con EXCEL.

366. La probabilidad es 1/6.
Un dado no tiene memoria para recordar el número que salió en la tirada anterior.

367. El hombre había nacido antes de Cristo.

368. Porque quien las necesite no se acordará de tomarlas, una vez pasado el efecto de las que no tomó por no haberse acordado de tomarlas.

369. Porque 6, 12, 18, 24, ... a la hora de repartir tienen más divisores que los demás números.

370. Exterior.
Existe un método muy práctico para reconocer si un punto B es interior o exterior a la curva.

1. Se une B con un punto claramente exterior (A) mediante una línea cualquiera (puede ser recta o curva).

2. Se cuentan las intersecciones de esa línea con el contorno de la curva.

3. Si el número de intersecciones es **impar**, el punto B está **dentro**. Si el número de intersecciones fuera **par**, el punto B sería **exterior**.

371. Alicia es un jirafa.
La presión arterial media de una jirafa es tres veces mayor que la de una persona.

372. Rubén. Todas las parejas de amigos tienen las cinco vocales entre los dos nombres.

373. No existe otra terna similar.
De tres números impares consecutivos, uno es obligatoriamente múltiplo de tres.

374. La de cualquier músico bueno.

375. Los grupos serían: A la izquierda (1, 2, 7 y 8), a la derecha (3, 4, 5 y 6).
En ambos casos suman 18.
Ni que decir tiene que el niño del grupo de la derecha que tiene pintado en la espalda el 9 debe colocarse haciendo el pino.
Hay exactamente otras tres formas de agrupar a los niños: 1368-2457, 1467-2358 y 2367-1458.
El archivo (**Ropa tendida.ppt**) contiene una presentación de un acertijo similar a este.

376. $A = a^2 - (a-1)(a+1) = a^2 - (a^2-1) = 1$.

377. El 1.600. Le gustan los cuadrados perfectos.

378. En todos los diccionarios.

379. GLOBO.

380.

```
  4 8 | 2
+ 1 5 | 7
─────────
  6 3 | 9
  +   |
```

381. Quemamos la cuerda 1 por ambos extremos y la 2 por un extremo solamente.

Cuando la 1 acaba quemándose (30 minutos), encendemos el otro extremo de la 2 (mitad de los 30 minutos restantes).

382. Agregar 1 a cada dígito del número pi (3,141592...).

383. El camino más largo recorre 8 aristas y 8x3=24 cm.

384. El gato saltó hacia el interior de la habitación.

385. Llevó al mercado 101 gansos. (51 + 17 + 9 + 5 + 19)
El archivo (**Venta de gansos.xls**) contiene la solución de este acertijo hecha con EXCEL.

386. Invierta la hoja y elija tres seises y tres unos.

Otra curiosa solución: Sin invertir la hoja, rodeamos con un círculo cada uno de los treses, el 1 de la izquierda y conjuntamente los otros dos unos. Así: 3+3+3+1+11=21.

387. Lo que ocurrió fueron años que mirados al revés (patas arriba) daban el mismo año: 1881, 1961, 6009.

388. Abrió el tercer eslabón de la cadena.
Así tenía tres piezas de 1, 2 y 4 eslabones.
El trasvase de eslabones fue el siguiente:

Días	1°	2°	3°	4°	5°	6°	7°
Huésped	2-4	1-4	4	1-2	2	1	-
Patrona	1	2	1-2	4	1-4	2-4	1-2-4

389. Veinticinco.

390. Dos.

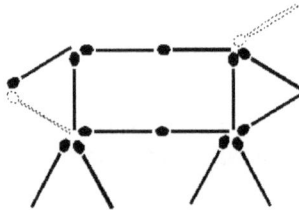

Evidentemente, se pide que el cerdo este mirando en sentido contrario, pero esto no obliga a que la cola este levantada o no.

Sigue siendo el mismo cerdo.

391. La biblioteca se trasladaba a otro edificio y no había dinero para el traslado.

Dando a los socios más tiempo para la devolución de los libros, se aseguraba que moverían ellos la mayoría de los libros.

392. "ENVÍA JET AL RESCATE DE LOS AMIGOS RUSOS".

393. El primer número, 1324, al ser elevado a una potencia cualquiera, terminará en 6 o en 4.

Los otros dos números, 731 y 1961, elevados a cualquier potencia, acaban en 1.

Puesto que ningún número acabado en 6 o en 4, sumado a un número acabado en 1, puede dar un número acabado en 1, la ecuación carece de soluciones.

394. No se casaron entre sí, cada uno lo hizo con su respectivo novio/a.

395. Ni mucho menos. En realidad, y como le correspondía por su cargo, cobraba un salario más elevado que sus compañeros.

Estos llegaron precipitadamente a la conclusión de que un aumento de 50 euros cada semestre equivalía a otro de 100 euros anuales, pero aquél, había tomado en consideración todas las condiciones del problema, y estudió las dos posibilidades de esta manera:

	150 de aumento anual	50 de aumento semestral
1er año	500 + 500 = 1.000	500 + 550 = 1.050
2° año	575 + 575 = 1.150	600 + 650 = 1.250
3er año	650 + 650 = 1.300	700 + 750 = 1.450
4° año	725 + 725 = 1.450	800 + 850 = 1.650

De esta forma se dio cuenta inmediatamente de que su sueldo excedería al de los otros en los años subsiguientes, en 50, 100, 150, 200, ... euros, ya que el aumento anual que a él le correspondía siempre sería 50 euros mayor que el de ellos.

Lo que impresionó a su nuevo patrón no fue, pues, su modestia, sino su despierta inteligencia.

El archivo (**Los aspirantes al puesto de trabajo.xls**) contiene este acertijo.

396. Una. Tras meter esta, la caja ya no está vacía.

397. Resolviéndolo. (Brendam Francis)

398. Error.

399. El nueve.

400. 16 cm. Haga la figura correspondiente y lo verá.

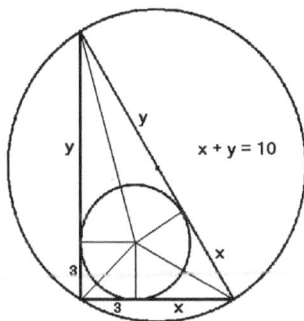

401. El lechero era el único varón.

El doctor y el abogado eran hembras, así que el policía sabía que "Juan" era el lechero.

402. No se puede hacer nada para que te devuelvan el dinero.

403. Sí. Restando de 56 los puntos de la cara superior.

404. Que al niño le gusta más el farinato que el huevo.

405. Para que la cifra final sea un 7 ha de serlo la del número buscado.
El único número acabado en 7 que elevado a 5 da un resultado de 7 cifras es 17.
[Hay que hacer notar que todo número elevado a la
5ª potencia da un resultado cuya última cifra
es la misma que la de su base]
El archivo (**La quinta potencia**.xls) contiene
la solución de este acertijo hecha con EXCEL.

406. 29 minutos.

407. Evidentemente, el tubo está a un tercio de su capacidad una hora antes de la medianoche, es decir, a las 11.

408. El tubo quedará lleno a las 11 de la noche.

409. 29 días. En efecto, una araña tendría cubierto la mitad del hueco en 29 días, ya que en el 30 duplica lo hecho hasta entonces, cubriendo el hueco.
Luego, las dos arañas tendrían cada una cubierto medio hueco al acabar el día 29, es decir, la totalidad entre las dos.

410. Nueve años.

411. Uniendo los centros de las circunferencias se obtiene un triángulo equilátero.

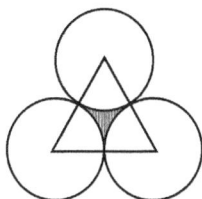

El área buscada es la del triángulo equilátero menos tres sectores del círculo de 60 cada uno que en total equivalen a un semicírculo.

Área = $R^2 \sqrt{3}$ - $\pi R^2/2$. Si R=1: Área = $\sqrt{3}$ - $\pi/2$.

412. El humo, en un tren eléctrico, pertenece a los cigarrillos que fuman los viajeros y suele salir por las ventanillas.

413. En el sistema de numeración de base 2, el par vale 10. En este sistema nuestro 10 (2^3+2) se escribe 1010.

414. UNA BROMA.

415.

$$13 \ \ 3 \ \ 15 \ \ 14 \ \ 6$$
$$10 \ \ 12 \ \ 1 \ \ 8$$
$$2 \ \ 11 \ \ 7$$
$$9 \ \ 4$$
$$5$$

El archivo (**Triángulo con 5 bolas**.xls) contiene este acertijo.

416. 4'5 x 6 = 27.

417. El joven iba vestido de marinero.

418. El ciclista era hijo del agente o tenía con él algún lazo familiar.

419. a) Una vez. La segunda vez se restará de un número menor que 120.

b) También vale decir que infinitas veces.

420. El área pastada por las cuatro es un círculo de radio 50 metros, es decir, $S = \pi \cdot 50^2$.

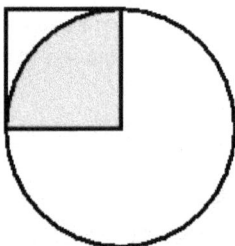

La que queda sola ha de pastar sobre un cuadrante de círculo cuya superficie sea la misma: $\pi \cdot x^2 / 4 = \pi \cdot 50^2 \Rightarrow$ x=100 m.

Justamente la longitud del campo.

421. Vio que las antenas parabólicas de los edificios estaban orientadas hacia el norte.

Los satélites geoestacionarios de comunicaciones deben encontrarse en el plano del ecuador terrestre.

Es decir, vio que el ecuador estaba al norte.

422. Doce.

423. a) 2,3. b) 2ln3 = 2'19. c) 2L3 = 2'19.

424. Me bastó repetir la segunda nota (para esa repetición no hace falta la ayuda del traductor) y me encontré tras la tercera nota sin más servicios que agradecer.

425. Al principio llevaba 36.

El archivo (**Las manzanas del hortelano.xls**) contiene la solución de este acertijo hecha con EXCEL.

426. La marea nunca alcanzará al ojo de buey, pues el barco sube al mismo tiempo que ella.

427. Su puntuación era esta:

Juana, Teresa y Leonor
puestas de acuerdo las tres,
me piden diga cuál es,
la que prefiere mi amor.
Si obedecer es rigor,
¿digo, pues, que amo a Teresa?
No. ¿A Leonor, cuya agudeza
compite consigo ufana?
No. ¿Aspira mi amor a Juana?
¡Que no! Es poca su belleza.

428. Los cristales de la ventana se empañan por el interior. Antonio no había podido limpiarlos por fuera para descubrir el cuerpo del viejo Marcelo.

429. El número mínimo de puntos de soldadura sigue siendo ocho, independientemente de cómo puedan doblarse los alambres.

Puesto que en cada vértice del cubo concurre un número impar de aristas, en cada uno de ellos será preciso soldar.

430. La simple observación de la siguiente figura muestra el área del cuadradito.

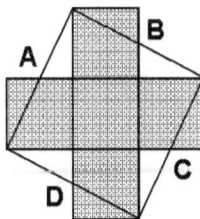

Esta es la quinta parte del área del cuadrado: 20 cm².

431. La persona que toca a la puerta debe decir el número de letras que tiene el número que dicen desde dentro.

De esta forma, a "c a t o r c e" le corresponde siete pues la palabra tiene siete letras, "d i e c i o c h o" ⇒ nueve.

Que el número de letras corresponda a la mitad del número es mera casualidad.

432. Yo escribiré "10", pues así queda expresada la base de todo sistema al denotarla en el sistema de esa misma base.

433. Dinero falsificado.

434. 99 movimientos.

Este número se mantiene, no importa de qué manera se forme el rompecabezas.

La prueba es trivial: empezamos con un único grupo.

Cada movimiento reduce en uno el número de grupos.

De aquí los 99 movimientos.

435. Se obtiene el número 6.174.

No importa el número de cuatro cifras de partida, con tal de que no sean todas iguales, llegamos al 6.174 en, como mucho, 7 pasos. (Habría que demostrarlo, pero no viene al caso)

El archivo (**El número mágico 6.174.xls**)

contiene este acertijo.

436. El número 7 de un teléfono móvil.

437. Porque cuando una cosa es buena, es cojonuda, y cuando no, es un coñazo.

438. La mujer era fotógrafo.

Tiró una foto a su marido, la reveló y la colgó para que se secara.

439. Tomo una cualquiera de las bolas y la lanzo sobre la otra. Si la bola que lanzo arrastra a la otra después del impacto, es que la que lanzo es la más pesada.

Si la bola que lanzo retrocede después del impacto, es que la que lanzo pesa menos.

440. La simple observación de la figura muestra la solución.

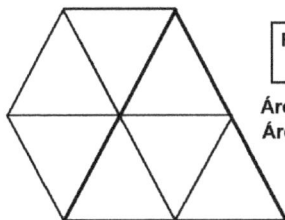

Perímetros iguales

Área hexág. = 6
Área triáng. = 4

441. En Nueva Zelanda, antípoda de España.

Al piloto le da lo mismo, para ir a Madrid, recorrer cualquier semicírculo máximo de la Tierra, por lo que puede pasar por cualquier lugar sin desviarse de su camino.

442. Mi vecino mentía, 1900 no fue un año bisiesto.

443. Nada, porque el camión ya ha consumido una parte del combustible, cuyo peso es bastante mayor que el peso de una mosca.

444. 1) Se copia la original desde el magnetófono más rápido hacia el más lento. Así en la copia cabe el concierto entero.

2) Esta copia se duplica desde el magnetófono más lento sobre una segunda copia obtenida en el más rápido. Así el efecto producido por la diferente velocidad de los aparatos.

En fotografía, el negativo de otro negativo produce una copia altamente fiel del positivo original.

445. El Sr. Gómez nació en 1892.
Tenía 44 años en el año 44^2=1936.
El archivo (**La edad del Sr. Gómez.xls**) contiene
la solución de este acertijo hecha con EXCEL.

446. Se suelen dar multitud de respuestas.
La única válida es: Perdió 1.200 ptas. y los zapatos.

447. La letra V.

448. Independientemente de cómo se trate de cortar el cubo
grande, no hay manera de evitar que el cubito central de 1 cm. de
lado tenga sus seis caras, y que todas hayan de ser cortadas por
cortes distintos.
Así pues, es imposible cortar los 27 cubitos pequeños con
menos de seis cortes.

449. Es cierta. Veamos la demostración con cuatro unos y dos
doses, que se puede generalizar a cualquier número par de unos y
la mitad de doses:
1111 - 22 = 1111 - 2x(11) = 1100 - 11 = 11 x (100-1) =
= 11 x 99 = 11 x 9 x 11 = 11^2 x 3^2 = 33^2.

450. Basta con darse cuenta de que el lado **AC** es el radio de
la circunferencia y **AE** y **BD** son diagonales de un rectángulo.

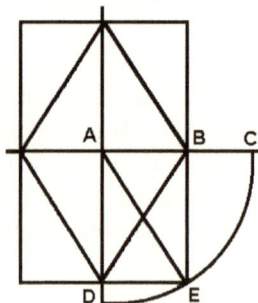

Por lo tanto, son iguales en longitud. Lado del rombo = 9 m.

451. Cincuenta.

Supongamos que sólo hay una mujer infiel. El marido que recibiera la carta en blanco inmediatamente ejecutaría a su mujer.

Si la carta aparece con un nombre, el marido que la recibiera pensaría: *«Si hay una sola mujer infiel, hoy aparecerá muerta. Si no aparece es que hay dos y por lo tanto una es mi mujer y mañana la mataré».*

Así sucesivamente.

Por lo tanto si hasta la noche 50 no aparece ninguna mujer muerta, es que hay 50 mujeres infieles.

452. La letra "e", que es la letra más común de la lengua inglesa, no aparece una sola vez en todo el párrafo.

453. El cero.

454. Se trata de una partida de ajedrez.

455. Los números pedidos son: 10, 11, 12, 13 y 14.
$10^2 = 100$, $11^2 = 121$, $12^2 = 144$, $\Rightarrow$ $100 + 121 + 144 = 365$.
$13^2 = 169$, $14^2 = 196$, $\Rightarrow$ $169 + 196 = 365$.
El archivo (**Cinco consecutivos**.xls) contiene la solución de este acertijo hecha con EXCEL.

456. Prácticamente cero, si hacemos que las paredes del dique sigan fielmente la forma del casco del portaviones.

Basta el agua necesaria para establecer una fina película entre la quilla del portaviones y las paredes del dique, tanto más fina cuanto más se adapten ambas superficies.

La fuerza que le hace flotar corresponde al peso del agua que desaloja, sin que intervenga para nada el agua que le rodea.

457. Cualesquiera de las letras: F, L, M, N, Ñ, R, S.

458. Coloque la manzana en la cabeza de alguno.

459. El hermano menor, yendo hacia atrás por la vía, vio el tranvía venir y se montó en él.

Cuando este tranvía llegó a la parada en que estaba el hermano mayor, este se subió a él.

Un poco después, el mismo tranvía alcanzó al hermano mediano, que había seguido adelante, y lo recogió.

Los tres hermanos se encontraron en el mismo tranvía y, claro está, llegaron a casa al mismo tiempo.

Sin embargo, el que procedió más cuerdamente fue el hermano mayor, que esperó tranquilamente en la parada y se cansó menos que los demás.

460. 60°. Basta observar que se trata de un triángulo equilátero ABC trazando la diagonal BC de la otra cara.

461. El primer preso (el que no ve ninguna boina) averigua el color de su boina: *"Como el tercer preso, que ve las dos boinas, no dice nada, no puede ver dos boinas negras. Si el segundo viera una boina negra en el primero, sabría que él tiene una blanca ya que no oye al tercero decir que tiene una blanca. Entonces el primer preso tiene una boina blanca".*

462. El 58. ¿Cuál es el siguiente?

463. Está contenido en las estipulaciones del padre, que o no andaba muy bien de Aritmética o quiso dar a sus hijos algo en qué pensar; pues resulta que la suma de las fracciones 1/2, 1/4, 1/8 y 1/10 no da como resultado, la unidad, como tenía que ocurrir si se quiere que no sobre nada, sino que es igual a 39/40.

464. Si en "ODICEULZLTETARAS" tachamos "DIEZ LE-
TRAS" queda "OCULTA".

465. 1er intento: 20 - 20 - 20 - 20.
2° intento: 20 - 30 - 30 - 30.
3er intento: 20 - 30 - 40 - 40.
Finalmente: 20 - 30 - 40 - 48.
El archivo (**Transporte de un tesoro.xls**) contiene
la solución de este acertijo hecha con EXCEL.

466. Un guante.

467. El conductor no llegó a despertarse.
Nadie podía saber lo que estaba soñando.

468. El hombre que estaba detrás del mostrador estaba
robando; ya le había disparado al camarero.
Disparó al cliente para evitar ser reconocido.

469. El perro se llamaba "SIN EMBARGO".

470. MN=6 centímetros.
Trazando desde P y Q perpendiculares al segmento MN, obtenemos los puntos R y S.

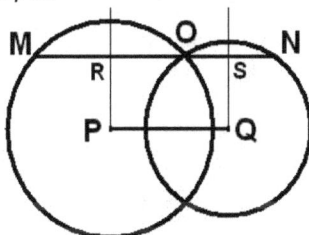

Como MR=RO y NS=SO y RS=PQ, surge la respuesta.

471. Los dos amigos jugaban un partido de dobles contra
otros dos.

472. SAMUEL. Todas las parejas de amigos tienen las mismas vocales en el nombre.

473. Las momias carecían de ombligo.

474. Un libro titulado: "El significado de los sueños".

475. El método para resolver problemas de este tipo es el de hacer el camino inverso.

Puesto que salió con 2, al tercer guardián llegó con 5.

Por esto, al segundo llegó con 11.

Y si del primero salió con 11, quiere decir que llegó a él con 23.

El archivo (**Los guardianes de las naranjas.xls**) contiene la solución de este acertijo hecha con EXCEL.

476. Un CUADRADO es un RECTÁNGULO, pero un RECTÁNGULO no es un CUADRADO.

477. LOUNGER. Se convierte en LONGER.

478.

2	7	2		3	5	3		4	3	4		5	1	5		6	-	5
7	36	7		5	32	5		3	28	3		1	24	1		-	22	-
2	7	2		3	5	3		4	3	4		5	1	5		5	-	6

El archivo (**La guarnición.ppt**) contiene una presentación con este acertijo.

479. El signo "+" quiere decir "más la mitad de".

Por ejemplo: 1 "más la mitad de" 4 es igual a 3.

480. 120°. Termine de dibujar el hexágono regular ABCDEF.

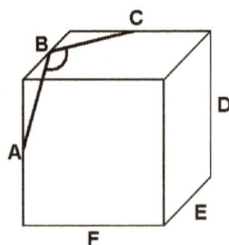

481. La solución más simple consiste en hacer rodar los cilindros sobre el suelo.

El cilindro hueco llegará más lejos que el macizo.

Su masa está distribuida lejos de su centro dándole, en términos físicos, mayor momento de inercia que al macizo.

Muchos otros experimentos que incluyen rotaciones darían el mismo resultado, pero hacerlos rodar es el más sencillo.

482. Pruebe a ir suprimiendo palabra por palabras de atrás para adelante.

483. Usando una lupa podríamos quemar el hilo.

El anillo caería al fondo de la botella.

484. Morir de viejo.

485. Tras la 6ª carrera: 0 ptas.

Tras la 5ª carrera: 600 ptas.

Tras la 4ª carrera: 300 ptas.

Tras la 3ª carrera: 900 ptas.

Tras la 2ª carrera: 450 ptas.

Tras la 1ª carrera: 1.050 ptas.

Al llegar al hipódromo: 525 ptas.

El archivo (**En el hipódromo.xls**) contiene la solución de este acertijo hecha con EXCEL.

486. La letra r.

487. Este acertijo basa el equívoco en la polisemia y en los sinónimos.

Un sinónimo de "habitación" es "cuarto" y este término también tiene otro significado al referirse a 1/4 de la esfera horaria.

Como no hay "un cuarto" para ellas diremos que: Falta un cuarto para las tres.

O sea, las 2 horas 45 minutos.

488. Meteríamos la pera en la botella cuando aún es un brote del árbol dejando la pera dentro y sin romper la rama del árbol.

Después a esperar a que crezca y cuando ya sea grande ya podemos romper la ramita y tendremos la pera grande dentro de la botella.

489. Mi palabra.

490. Hay dos soluciones:

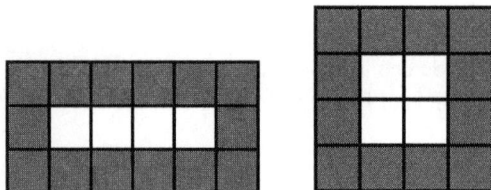

El primero de lados 6 y 3. El otro de lados 4 y 4.

491. Inclinamos el barril hasta que el vino toque el borde.
Si el fondo del barril es visible, tiene menos de 50 litros.
Si el fondo no es visible, tiene más de 50 litros.

492. Son algunos de los números de la ruleta, tal como se suceden en la rueda.

493. Las 60 gallinas tardarán los mismos 20 días en empollar los 40 huevos.

Los días de calor necesarios para que de un huevo salga un pollito es una constante, independientemente del número de gallinas disponibles y del número de gallineros en los que estuvieran distribuidas.

494. Tras alguna que otra cábala, se le ocurrió meter las llaves dentro de un cubo de agua fría, todas las noches.

De este modo, mataba dos pájaros de un tiro: su marido no salía de casa y evitaba que montase algún estropicio, despertándolo de su letargo, pues don Manuel siempre acudiría a buscar las llaves al mismo lugar.

495. 18 anillos, 10 dedos.
El archivo (**Como anillo al dedo.xls**)
contiene este acertijo.

496. 3 Caras: Los que se encuentran en los vértices de los cubos: 8 cubitos.
2 Caras: 2 por cada arista. Hay 12 aristas: 24 cubitos.
1 Cara: 4 por cada cara del cubo, los 4 centrales. Hay 6 lados: 24 cubitos.
0 Caras: Los cubos del centro: 64-24-24-8 = 8 cubitos.

497. Cuando la moneda la tiene el pasajero, el volumen de agua que se desaloja por causa de la moneda es el necesario para igualar el peso de la moneda.
Como la densidad del agua es menor que la de la moneda, cuando la moneda cae al agua, se hunde, y por tanto el volumen de agua que desaloja es el mismo que el volumen de la moneda.
El nivel del agua bajará, ya que cuando la moneda está en poder del pasajero, el volumen desalojado de agua es superior al volumen de la moneda y cuando la moneda cae al agua el volumen de agua desalojada coincide con el de la moneda.
Luego en el segundo caso se desaloja menos agua y el nivel baja.

498. La A. Está al final de la VIDA.

499. Porque tienen muchos problemas.

500. Puede utilizar para el envío una caja en forma de cubo de 55 cm. de lado, pues una caja de estas características tiene una diagonal de 95 cm.

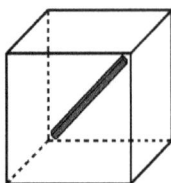

501. Tomaremos una bola del bote cuya tapa dice BN, y razonaremos así:
a) Si la bola sacada es blanca, el bote con la tapa BN tiene dos bolas blancas; el que dice BB tiene dos negras; y el que dice NN, una blanca y una negra.
b) Si la bola sacada es negra, el bote con la tapa BN tiene dos bolas negras; el que dice NN tiene dos bolas blancas; y el que dice BB, una blanca y una negra.

502. Cada palabra empieza con el nombre de una nota musical.

503. Basta con ver un pie calzado.
Así, por ejemplo, si vemos el pie derecho del piel roja con un zapato negro, sabremos que su pie izquierdo llevará un zapato blanco.
Al hombre negro le corresponderá un zapato blanco en el pie derecho y uno rojo en el izquierdo.
Y, por eliminación, quedará también determinado el calzado del hombre blanco.

504. El profesor de la escuela de kamikazes a los alumnos.

505. 62 francos. Resolvemos de atrás para adelante.
Al entrar en el último negocio Timoteo debía tener 2 francos (pues gastó la mitad, 1, más 1, y se quedó seco).
Al entrar en el negocio anterior Timoteo debía tener 6 francos (pues gastó la mitad, 3, más 1, y se quedó con 2).

Al entrar en el anterior debía tener 14 francos.
Al entrar en el anterior debía tener 30 francos.
Y antes de entrar al primero Timoteo debía tener 62 francos.
El archivo (**Los 5 negocios de Timoteo.xls**) contiene
la solución de este acertijo hecha con EXCEL.

506. El más usado es el de la planta baja, todos los vecinos lo utilizan.
El menos usado es el del piso primero, muchas veces no se espera el ascensor para subir solamente un piso.
Se puede ver el desgaste de esos dos botones para comprobar lo que acabados de decir.

507. P y Q (por qué).
Cada letra es la primera de cada palabra de la oración.

508. Seis veces.

509. La letra hache.

510. En lugar de inscribir el cuadrado como mostraba la figura anterior, hagámoslo girar 45 hasta la posición que muestra la figura siguiente.

Se observa que el área del cuadrado mayor es el doble que la del inscrito; es decir, 8 unidades.

511. Trece ciudades componen el reino.
Si uno de los sabios hubiera visto 11, 12 o 13 ciudades, habría deducido en la primera mañana que en total son 13. Pero pasado ese día siguieron presos.

Si uno de ellos hubiera visto 2, 1 o 0 ciudades, habría deducido en la segunda mañana que en total son 10 (ya que de ser 13 el otro debería haber visto 11, 12 o 13, lo que no ocurrió). Pero pasado ese día siguen presos.

Si uno de ellos hubiera visto 8, 9 o 10 ciudades, habría deducido en la tercera mañana que en total son 13 (ya que de ser 10 el otro debería haber visto 2, 1 o 0, lo que no ocurrió). Pero pasado ese día siguen presos.

Si uno de ellos hubiera visto 5, 4 o 3 ciudades, habría deducido en la cuarta mañana que en total son 10 (ya que de ser 13 el otro debería haber visto 8, 9 o 10, lo que no ocurrió).

Por tanto, a la mañana del quinto día cualquiera de ellos puede anunciarle al guardia el total de ciudades (ya que ambos debieron ver al menos 6 ciudades cada uno, lo que elimina la posibilidad de que sean 10, y sólo queda que sean 13), y así quedaron libres.

512. Tachar los números cuyo nombre no tenga tres letras.

513. El secreto es bastante simple.
Mi amigo escribe sucesivamente los números de los teléfonos de varios amigos suyos.

514. Tachando LAS LETRAS SOBRANTES queda UN VERSO CELEBRE.

515. 3.024 no acaba ni en 0 ni en 5; luego ninguno de los cuatro números es divisible por 5 ni por 10.
Si los números fueran mayores que 10, el producto sería mayor que 10.000.
Luego solamente tenemos como posibles soluciones: (1, 2, 3, 4) y (6, 7, 8, 9). Evidentemente los buscados son 6, 7, 8 y 9.
El archivo (**Producto de consecutivos.xls**) contiene la solución de este acertijo hecha con EXCEL.

516. Con los pantalones puestos al revés, la dificultad es muy pequeña.

517. Todo resulta por contar más de una vez los elementos de ciertos subconjuntos.

518. Con el otro de 10 euros y uno de 20 euros.

519. *Alumno:* Del mismo color que el mío.
Profesor: ¿Y de qué color es el tuyo?
Alumno: Usted me dijo que una pregunta.

520. Tres cerillas.

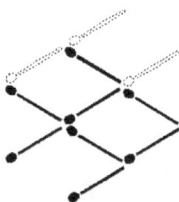

521. Caminó a través de las calles del sistema de alcantarillado de la ciudad.

522. U, V, W, X, Y, Z.
Porque todas ellas vienen después de T.

523. No hace falta saber los que tenía en un principio.
Cuantos más tiene más come, lo que hace que con el tiempo la cantidad de cacahuetes del saco tienda a estabilizarse entorno a un valor fijo: (x+100)/2=x.
Había 100 cacahuetes.

524. La L. PERLA, PERAL.

525. 201, 202, ..., 210.
Otras: 321, 322, ..., 330 y 511, 512, ... 520.
El archivo (**Ningún número primo.xls**) contiene
la solución de este acertijo hecha con EXCEL.

526. La presunción falsa es que el padre tuviera pelo. El padre está completamente calvo y no tiene pelos que puedan mojársele.

527. El bigote.

528. La letra "M", o la "S", o la "E".

529. Porque gana el doble.

530. Tienen la misma área.

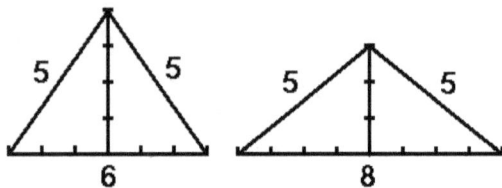

Ambos pueden dividirse por la mitad para dar lugar a dos triángulos rectángulos de lados 3, 4 y 5.

531. Colgó el sombrero en el cañón de su rifle.

532. JFK, iniciales del presidente John F. Kennedy.
La secuencia muestra las iniciales de los últimos presidentes de los Estados Unidos: Bush, Clinton, Bush, Reagan, Carter, Ford, Nixon, Johnson, Kennedy.

533. Walter era el encargado de un faro.
La noticia que le despierta consiste en la colisión de un crucero cargado de pasajeros contra los arrecifes de la costa en la que se encuentra el faro y que ha provocado la muerte de cientos de personas amén de cuantiosos daños materiales.
En ese mismo momento, Walter se da cuenta de que se ha quedado dormido y ha olvidado encender la iluminación del faro.

De modo que acude rápidamente al interruptor que la enciende y sube a lo alto del faro, desde donde puede contemplar el dantesco espectáculo.

No pudiendo soportar el dolor de haber provocado involuntariamente semejante catástrofe, decide acabar con su vida.

534. Sí, estando el globo desinflado.

535.
a) XXXIX(39), XXXV(35), XXXVI(36), XXXVII(37) y XXXVIII(38).
b) Coinciden con el nuevo lugar 14 números:

1.659: MDCLIX.	1.669: MDCLXIX.
1.679: MDCLXXIX.	1.689: MDCLXXXIX.
3.620: MMMDCXX.	3.621: MMMDCXXI.
3.622: MMMDCXXII.	3.623: MMMDCXXIII.
3.624: MMMDCXXIV.	3.630: MMMDCXXX.
3.631: MMMDCXXXI.	3.632: MMMDCXXXII.
3.633: MMMDCXXXIII.	3.634: MMMDCXXXIV.

El archivo (**Números romanos alfabéticos.xls**) contiene la solución de este acertijo hecha con EXCEL.

536. Cada pedazo pesará algo menos de un cuarto de kilo. El serrín que aparece en los cortes es el motivo de la pérdida.
[Una situación similar aparece en "El Mercader de Venecia" de Shakespeare, cuando Shylock tenía que tomar una libra de carne, pero sin tomar ni una sola gota de sangre.]

537. Ya no será EL GRAPO, será GRAPO.

538. Esa persona nació en Massachussets antes de 1776, fecha del establecimiento de los Estados Unidos de América.

539. Taparse la cara con las manos e irse al hotel lo más deprisa que pueda.

540. Colocamos uno de los vértices de la servilleta sobre cualquiera de los puntos de la circunferencia del posavasos.

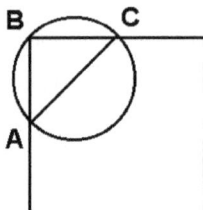

El ángulo definido por ABC es un ángulo recto, luego el segmento AC es un diámetro de la circunferencia.

Trazamos con un lapicero la línea AC y repetimos la misma operación eligiendo como B cualquier otro punto del perímetro del posavasos.

Una vez trazado el segundo diámetro ya está hallado el centro de la circunferencia.

541. Quemamos la cuerda 1 por ambos extremos y la 2 por un extremo solamente.

Cuando la 1 acaba quemándose (30 minutos), de la 2 quedan 1 hora y 30 minutos, encendemos el otro extremo y entonces comenzamos a contar los 45 minutos.

542. La primera letra de cada uno de los estados de USA en orden alfabético.

543. Sí. Basta sacar la lengua y tocarse la oreja con la mano.

544. Desembebecerse, desembellecerse, empedernecerse, entenebrecerse, excelentemente, preferentemente, vehementemente, represénteseme...

545. mcm (2,3,4,5,6,7,8,9,10) + 1 = 2.521.

El archivo (**El rebaño más pequeño**.xls) contiene la solución de este acertijo hecha con EXCEL.

546. Predicciones aparte, el propietario de la tienda necesitaba un vigilante nocturno que no soñara.

Los cacos se sentirían muy felices al ver a un señor dormido encima de una lavadora.

547. SOLAMENTE UNA PALABRA.

548. "Las dos tocadas".

Otras soluciones: "Las dos tocadas cerca de la media". "Las dos clavadas". "Dos para las dos". Etc.

549. Si el objetivo de la muchacha es escapar alcanzando el muelle lo más rápidamente posible, su mejor estrategia es la que sigue:

Primero rema de manera que el centro del lago, indicado por la balsa, quede siempre entre ella y el hombre de la orilla, haciendo que los tres puntos se mantengan en línea recta.

Al mismo tiempo se mueve hacia tierra firme.

Suponiendo que el hombre sigue la trayectoria óptima, es decir la de correr alrededor del lago siempre en la misma dirección, con una velocidad cuatro veces superior a aquella a la que rema la joven, el camino óptimo de esta es un semicírculo de radio $r/8$, siendo r el radio del lago.

Al final de esta semicircunferencia, habrá alcanzado una distancia de $r/4$ medida desde el centro del lago.

Este es el punto en el que la velocidad angular que debe mantener para conservar al hombre enfrente de ella es igual a la de este, no dejando energía de reserva a la joven para escapar. (Si durante este período el hombre cambiara de dirección, ella puede seguir una estrategia igual de buena o mejor, invirtiendo especularmente la trayectoria).

Tan pronto como la muchacha alcanza el extremo de la semicircunferencia, se dirige en línea recta al punto más cercano de la orilla.

La distancia a recorrer será 3r/4.

El hombre tiene que recorrer una distancia de π veces r para atrapar a la joven cuando llegue a tierra.

Ella escapa, puesto que cuando alcanza la orilla él ha recorrido una distancia de solamente 3r.

Supongamos, sin embargo, que la muchacha prefiere alcanzar el muelle no lo antes posible, sino en el punto más alejado que pueda de su perseguidor.

En este caso su mejor estrategia tras haber alcanzado el punto situado a una distancia r/4 del centro del lago, es remar siguiendo una línea recta tangente al círculo de radio r/4, moviéndose en dirección opuesta a la del hombre.

Se puede demostrar que la muchacha puede escapar incluso si la velocidad del hombre es 4'6 veces superior a la velocidad del bote de remos.

550. Se construye un triángulo equilátero sobre cada lado del triángulo ABC.

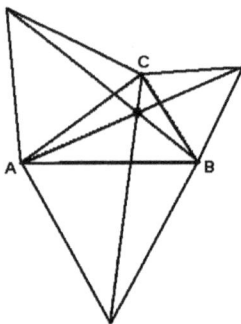

Uniendo los vértices de esos tres triángulos obtenemos un punto de intersección que cumple la condición requerida.

M-1. Un perro, un gato y un loro.

M-2. Veinte metros.

M-3. Como ya tenemos en un platillo 3/4 de ladrillo, la pesa representará el cuarto que falta.

Por tanto bastará multiplicar por 4 el valor de la pesa para tener el resultado.

El ladrillo entero pesa 3 kilos.

M-4. 1.300 duros.

M-5. Veinte.

M-8. Dos euros.

M-9. Diez ptas.

M-10. Una hora y 23 minutos. Al multiplicar por 60, los segundos pasan a ser minutos y los minutos, horas.

M-11. Igual.

M-12. La botella 50 céntimos. El vino 9 euros y 50 céntimos.

M-13. Cuatro.

M-14. 402.

M-15. Cinco euros.

M-16. el primero 5 y el segundo 7.

M-17. Antonio 24 y Pedro 30 limones.

M-18. Cada cubierta se utiliza 4/5 partes del tiempo total.

Por tanto, cada una ha sufrido un desgaste de 4/5 de 5.000 km., es decir, 4.000 km.

M-19. 100/9 ha. En efecto: 100/9 - 10/9 = 90/9=10 ha.

M-20. 40 segundos.

M-21. No.

M-22. Dos horas y un minuto.
Transcurrido sólo un minuto, ya se ha dividido en dos, y sabemos que dos amebas llenan el tubo en dos horas.

M-23. 50. Es frecuente que se conteste 100.

M-24. Las 6 de la tarde.

M-25. 72 - 72 = 0.

M-26. 18 euros.

M-27. Nueve.

M-28. Seis Kg.

M-29. x=altura del árbol. x=3x-2, x=1 metro.

M-30. 110 km. para ver el 73037.

M-31. Medio día.

M-32. Pedro es el más alto.
Juan y Antonio tienen igual estatura, pues le falta lo mismo para llegar a la de Pedro.

M-33. Tres colores. Las caras opuestas se pintan del mismo color.

M-34. Juan 24 euros y Pedro 30 euros.

M-35. Doce.

M-36. Dos cerezas.

M-37. Dos cerezas.

M-38. Cada uno jugó dos partidas: A-B, A-C y B-C.

M-39. Siete reales y medio.
Precisa ser propuesto de palabra y dicho con rapidez, para encubrir su evidencia.
Sin embargo, siempre había el caso de quien, al descubrirle la solución, tras haber sido incapaz de hallarla, se excusaba diciendo: *"¡Ah, sardinas! Yo te había entendido salmonetes".*

M-40. Seis euros y medio.

M-41. 12 peniques (1 chelín).

M-42. Once pares.

M-43. Depende de cómo hayan sido los cortes.
Si hechos al azar pueden darse tres casos:
a) Puede que sean cuatro medias medias sueltas, que no encajan para formar ni siquiera una media porque las medias medias sean todas punteras, o talones, o mitades superiores (musleras), o inferiores (calcetas), o cualesquiera mezclas heterogéneas pero incoherentes de estas dichas.
b) Pueden ser una media y dos medias medias, si tiene Vd. la suerte de que dos de ellas encajen para venir a darle una media, pero las otras dos medias medias no, cómo en el caso a), más desgraciado.

c)   Si está Vd. de mucha suerte, y encajan las cuatro medias medias dos a dos, puede llegar a ser dueño (o dueña) de un par de medias. En este caso, si quiere ponerse el par, tendrá que coser.

M-44. 24 cervezas.
Si un hombre y medio beben una cerveza y media en un día y medio, seis hombres beberán seis cervezas en el mismo tiempo, es decir, en un día y medio, y en seis días beberán cuatro veces más, que son las veces que un día y medio está contenido en seis días.

M-45. Dos tatuadores y medio.

M-46. Tres minutos.

M-47. Dos fumadores.

M-48. 875 toneladas. No sólo se reduce la altura de la torre, sino también su ancho y su profundidad, por lo que su peso disminuye a un octavo del peso original.

M-49. En un metro cuadrado hay un millón de milímetros cuadrados.
Cada mil mm^2, dispuestos uno junto al otro, constituyen un metro; mil millares formarán mil metros.
Por lo tanto, la línea formada tendrá un kilómetro de longitud.

M-50. 1, 3, 5 y 7 cervezas.

M-51. Como el área de un triángulo es máxima cuando sea máxima la altura, considerando como base uno de los lados iguales, la altura máxima se conseguirá cuando el otro lado esté perpendicular al anterior; es decir la altura mide 4 cm.
El tercer lado será la hipotenusa, es decir, $\sqrt{32}$ =5'65 cm.

M-52. Sea n el número de gatos.
Tenemos: n=4n/5+4/5 $\Rightarrow$ n=4.
Margarita vive con 4 gatos.

M-53. Sea n el número de focas.
Tenemos: n=7n/8+7/8 $\Rightarrow$ n=7.
Había 7 focas en el zoológico.

M-54. 23 palomas.

M-55. 50 ptas.

M-56. A 150 euros.

M-57. Nueve veces.

M-58. Una hora y veinte minutos es lo mismo que 80 minutos.

M-59. Una hora y veinte minutos es lo mismo que 80 minutos.

M-60. Un 25%.

M-61. Nueve cupones.
Siendo B=coste en cupones de un bote de detergente.
Por 10 cupones, el cliente recibe un bote de detergente con el cupón correspondiente, no lo olvidemos.
Así: 10=B+1, B=9.

M-62. Cada gallina tiene que poner 6 huevos, lo que se consigue al cabo de 9 días.

M-63. El quinto día, antes de que se derramara el agua, quedaba agua para ocho días.
El agua derramada le habría durado ocho días al hombre que murió, así que se derramaron ocho litros.

M-64. Largo 120 m., ancho 60 m.

M-65. 60 chicos.

M-66. 15 de cada clase.

M-67. Tres centauros tienen 3x6 = 18 extremidades.

M-68. 42.

M-69. El resto es cero.
No hay que cometer el error de escribir 11.111, lo cual es once millares, ciento once. En este caso el resto es dos.
La cifra dada se debía haber escrito: 11.000 + 1.100 + 11 = 12.111 que es exactamente divisible por tres.

M-70. 32 y 34.

M-71. El boli 65 y el lápiz 35.

M-72. 40 segundos.

M-73. Del 28%.

M-74. Trece.

M-75. Cinco.

M-76. Hay 33 cajas: 3 grandes, 6 medianas y 24 pequeñas.

M-77. 251 años.

M-78. Cero.

M-79. Treinta.

M-80. Setenta.

M-81. Juntos en 120 minutos llenan 3 depósitos.
Un depósito lo llenan en 120/3= 40 minutos.

M-82. El 5/6.

M-83. Para 18 días.

M-84. El 1 y el 47.

M-85. Doce.

M-86. Ninguno.

M-87. XXI.

M-88. Las once y media.

M-89. Si se acercan a 25 y 35 km/h respectivamente.
La velocidad relativa de acercamiento es de 60 km/h, o sea, 1 km/min.
Por tanto, un minuto antes de colisionar estarán a un km de distancia.

M-90. 768.

M-91. Diez.

M-92. Un 4.

M-93. Impar.

M-94. Es mayor la mitad de un metro cuadrado.

M-95. 99 + 9/9 = 100

M-96. El mayor número es 11 elevado a 11.

M-97. 24 = 11 + 11 + 1 + 1.

M-98. Doce.

M-99. En el 2º lugar.

M-100. Al último nunca se le puede adelantar.
Es él el que puede adelantar.

M-101. 1+2+3+4+5+6=21.

M-102. Cuatro canicas y tres hoyos.

M-103. (8+8)x8-8=120.

M-104. Cincuenta.

M-105. Algo más de 60 minutos.

M-106. 1234**5**1234**5**12**345**1**2345**.

M-107. Separando 12 y 12.
Separando 6 y 6.
Separando 3 y 3.

M-108. 138 y 318 inclusive, abarcan 136 páginas.
Solución única.

M-109. Domingo o lunes.

M-110. Cuatro gatos.

Uno en cada rincón sentado sobre su propio rabo. Delante de cada gato hay otros tres, uno en cada rincón, sentado sobre su propio rabo.

M-111. 19 x 13 + 13 = 19+1 x 13 = 20 x 13 = 260.

M-112. 5 años. 5^2 = 25 = 100/4.

M-113. 15 docenas.

M-114. 48 m.

M-115. 417 minutos.

M-116. 212. 10 x 10 : 1/2 = 200 + 12 = 212.

M-117. Nueve.

M-118. Seis. Cada día se comió dos.

M-119. Carlos come 3 veces más rápido que su hermano. Comerían 24 y 8. Es decir, tardarían 45 minutos.

M-120. 9^9 = 9x9x9x9x9x9x9x9x9 = 387.420.489.

M-121. Tres.

M-122. 35-19=16 (es la cantidad de vino sacado). Luego 35-(16x2) = 3 kg.

M-123. Había 29 nueces en el tarro.

M-124. 14 caballos y 8 gallos.

M-125. 51 y 15; 42 y 24; 60 y 06.

M-126. El 6.394.

M-127. Un gato y un perro.

M-128. 3x365 = 1095. Los 13 minutos no importan.

M-129. Ocho gatos.

M-130. 1349.

M-131. 2.999, 3.000 y 3.001.

M-132. Horas 168. Panes 156.

M-133. Juan 10. Benito 14.

M-134. 120 veces.

M-135. Veinte.

M-136. Veinte.

M-137. Seis.

M-138. 80 minutos.

M-139. Diez.

M-140. 3 m. 20 cm.

M-141. Cero. Está el cero entre ellos.

M-142. Cinco.

M-143. Hay 1.000.
$1^2=1$, $2^2=4$, ..., $999^2=998,001$, $1000^2=1,000,000$.

M-144. Ocho horas.
En el primer agujero: 2m x 2m x 2m = 8 metros cúbicos.
En el segundo agujero, 4m x 4m x 4m = 64 metros cúbicos.

M-145. 200 km.
Entre los tres neumáticos recorrieron 600 km.

M-146. Levantó 82 kg. más el peso de la barra.

M-147. 15 euros (3 cortes).
También valdría 10 euros (2 cortes).

M-148. 21. La mayoría de la gente contesta que 20.

M-149. 7 cerdos y 8 palomas.

M-150. 40 de un céntimo, 2 de 10 y 8 de 5.

BIBLIOGRAFÍA

La relación que se muestra a continuación es incompleta por las razones explicadas en el prólogo. Pudiera servir de orientación y, en parte, como justificación de todas las omisiones.

Adams, James L. - Guía y juegos para superar bloqueos... Gedisa. Barcelona. (1986)

Agostini, F. – Juegos de lógica y matemáticas. Pirámide. Barcelona. (1988)

Albaiges Olivart J. M. - ¿Se atreve Vd. con ellos? Marcombo. Barcelona. (1981)

Allem, J. P. - Juegos de ingenio y entretenimiento mat. Gedisa. Barcelona. (1984)

Allem, J. P. - Nuevos juegos de ingenio y entret. mat. Gedisa. Barcelona. (1984)

Azzopardi, Gilles - 500 tests para aumentar su inteligencia. Tikal. Gerona. (2001)

Barry Townsend, Charles - Acertijos Clásicos. Selector. (1994)

Bayllif, J. C.. - Los rompecabezas lógicos de Baillif. Reverté. Barcelona. (1985)

Berrondo, M. - Los juegos matemáticos de eureka. Reverté. Barcelona. (1987)

Bolt, B. – Actividades matemáticas. Lábor. Barcelona. (1988)

Bolt, B. – Más actividades matemáticas. Lábor. Barcelona. (1990)

Bolt, B. – Divertimentos matemáticos. Lábor. Barcelona. (1987)

Brandeth, Gyles - Juegos con números. Gedisa. Barcelona. (1989)

Bunch, B. H. – Matemática insólita. Paradojas y... Reverté. Barcelona. (1987)

Camous, Henri - Problemas y juegos con la matemática. Gedisa. Barcelona. (1995)

Carroll, Lewis – El juego de la lógica. Alianza. Barcelona. (1979)

Corbalán, F. - Juegos matemáticos para secundaria y Bach. Síntesis. Madrid. (1994)

Dispezio, Michael A. - 99 desafios a la capacidad intelectual. Tikal. Gerona. (1999)

Emmet, Eric - Juegos de acertijos enigmáticos. Gedisa. Barcelona. (1990)

Emmet, Eric - Juegos para devanarse los sesos. Gedisa. Barcelona. (2000)

Falleta, N. - Paradojas y juegos. Ilustraciones, ... Gedisa. Barcelona. (1986)

Fixx, J. - Juegos de recreación mental para los muy intelig. Gedisa. Barcelona. (1988)

Fournier, Jean Louis - Aritmética aplicada e impertinente... Barcelona. (1995)

Friant, J. y LH, Y. - J. lógicos en el mundo de la intelig... Gedisa. Barcelona. (1987)

García Solano, R. - Matemáticas mágicas. Escuela Española. Madrid. (1988)

Gardner, M. - Nuevos pasatiempos matemáticos. Alianza. Barcelona. (1980)

Gardner, M. - Carnaval matemático. Alianza. Barcelona. (1980)

Gardner, M. - Circo matemático. Alianza. Barcelona. (1983)

Gardner, M. – Comunicación extraterrestre y otros p. mat.. Cátedra. Madrid. (1986)

Gardner, M. – Festival mágico-matemático. Alianza. Barcelona. (1984)

Gardner, M. - ¡Ajá! Inspiración ¡Ajá! Lábor. Barcelona. (1981)

Gardner, M. - ¡Ajá! Paradojas que hacen pensar. Lábor. Barcelona. (1983)

Gardner, M. - Ruedas vida y otras div. matemáticas. Lábor. Barcelona. (1985)

Gardner, M. - Juegos y enigmas de otros mundos. Gedisa. Barcelona. (1987)

Gardner, M. - Juegos y enigmas de otros mundos. Gedisa. Barcelona. (1987)

Gardner, M. - Mágicos números del doctor Matrix, Los. Gedisa. Barcelona. (1986)

Guzmán, M. de - Cuentos con cuentas. Lábor. Barcelona. (1984)

Guzmán, M. de - Mirar y ver. Alhambra. Madrid. (1976)

Harshman, Edward J. - 99 enigmas para estimular el ingenio. Tikal. Gerona. (1999)

Harshman, Edward J. - ¡Elemental, querido Watson! 100 enig... Tikal. Gerona. (1999)

Holt, M. - Matemáticas recreativas 2. Martínez Roca. Barcelona. (1988)

Holt, M. - Matemáticas recreativas 3. Martínez Roca. Barcelona. (1988)

Knuth, D. E. – Números surreales. Reverté. Barcelona. (1979)

Lánder, I. - Magia matemática. Lábor. Barcelona. (1985)

Longe, Bob - Los mejores trucos de cartas del mundo. Tikal. Gerona. (1998)

Longe, Bob - Los mejores trucos de magia del mundo. Tikal. Gerona. (1998)

Masino, G. – El romance de los números. Círculo de Lectores. Barcelona. (1980)

Mataix, M. - Cajón de sastre matemático. Marcombo. Barcelona. (1978)

Mataix, M. - Divertimientos lógicos y matemáticos. Marcombo. Barcelona. (1979)

Mataix, M. - Fácil, menos fácil y difícil. Marcombo. Barcelona. (1980)

Mataix, M. - El discreto encanto de las matemáticas. Marcombo. Barcelona. (1981)

Mataix, M. - Nuevos divertimientos matemáticos. Marcombo. Barcelona. (1982)

Mataix, M. - Droga matemática. Marcombo. Barcelona. (1983)

Mataix, M. - Ocio matemático. Marcombo. Barcelona. (1984)

Mataix, M. - Problemas para no dormir. Marcombo. Barcelona. (1987)

Mataix, M. - En busca de la solución. Marcombo. Barcelona. (1989)

Mathematical Association of America - Concursos de mat. Euler. Madrid. (1996)

Muller, Robert - Matemagicas. Tikal. Gerona. (1999)

Northrop, E. P. - Paradojas matemáticas. Uteha. México. (1977)

Paraquín, K. H. - Juegos visuales. Lábor. Barcelona. (1978)

Perelman, Y. I. - Matemáticas recreativas. Martínez Roca. Barcelona. (1977)

Perelman, Y. I. - Álgebra recreativa. Mir. Moscú. (1978)

Perelman, Y. I. - Problemas y experimentos recreativos. Mir. Moscú. (1983)

Robert-Houdin, J. E. - Secretos de la magia. Tikal. Gerona. (1999)

Rodríguez Vidal, R. - Diversiones matemáticas. Reverté. Barcelona. (1983)

Rodríguez Vidal, R. - Cuentos y cuentas de los mat. Reverté. Barcelona. (1986)

Rodríguez Vidal, R. - Enjambre matemático. Reverté. Barcelona. (1988)

Smullyan, R. - ¿Cómo se llama este libro? Cátedra. Madrid. (1981)

Smullyan, R. - ¿La dama o el tigre? Cátedra. Madrid. (1983)

Smullyan, R. - Alicia en el país de las adivinanzas. Cátedra. Madrid. (1984)

Smullyan, R. - Enigma de Sherezade. Gedisa. Barcelona. (1998)

Smullyan, R. - Juegos de ajedrez y los misteriosos... Gedisa. Barcelona. (1986)

Smullyan, R. - Juegos para imitar a un pájaro imitador. Gedisa. Barcelona. (1989)

Smullyan, R. - Juegos por siempre misteriosos. Gedisa. Barcelona. (1995)

Smullyan, R. - J. y problemas de ajedrez para S. H. Gedisa. Barcelona. (1986)

Smullyan, R. - Satán, Cantor y el infinito. Gedisa. Barcelona. (1995)

Stewart, Ian - Ingeniosos encuentros entre juegos y mat. Gedisa. Barcelona. (1990)

Tejada, Ivan - 100 problemas para pensar (un poco). Tikal. Gerona. (1999)

Thio de Pol, S. - Primos o algunos dislates sobre números. Alhambra. Madrid. (1976)

Vives, Paul - Juegos de ingenio. Martínez Roca. Barcelona.

Wells, David - El curioso mundo de las matemáticas. Gedisa. Barcelona. (2000)

COLECCIÓN DE MENTE: *Para el aficionado a los juegos y a los problemas de ingenio.*

1. El idioma de los espías - Martin Gardner.
2. El Laberinto y otros juegos matemáticos - Edouard Lucas.
3. Ejercicios de Pensamiento Lateral - Paul Sloane.
4. Puerta a la Cuarta Dimensión y otros cuentos - Varios autores.
5. Los Acertijos de Sam Loyd - Martin Gardner.
6. Magia Inteligente - Martin Gardner.
7. Ganar al Backgammon - Millard Hopper.
8. El Acertijo del Mandarín y otras diversiones matemáticas - Henry Dudeney.
9. Anarquía y otros juegos de cartas - David Parlett.
10. El Anticipador y otros cuentos - Varios autores.
11. Nuevos Ejercicios de Pensamiento Lateral - Paul Sloane.
12. El Concurso de Belleza y otros desafíos matemáticos - Ángela Dunn.
13. El detective es Usted - Lassiter Wreen y Randle McKay.
14. Matemática para divertirse - Martin Gardner.
15. Las Esferas Doradas y otras recreaciones matemát. (tomo I) - Joseph Madachy.
16. Las Esferas Doradas y otras recreaciones matemát. (tomo II) - Joseph Madachy.
17. Acertijos Divertidos y Sorprendentes - Martin Gardner.
18. Círculos Viciosos y Paradojas - P. Hughes y B. Brecht.
19. Los Gatos del Hechicero y nuevas diversiones matemáticas - Henry Dudeney.
20. Súper Ejercicios de Pensamiento Lateral - Paul Soone y Des MacHale.
21. Aquí Comienza el Bridge - Terence Reese.
22. 5 Test de Inteligencia - Pierre Berloquin.
23. Test de Pensamiento Lateral - Paul Sloane.
24. Acertijos Fantásticos - Muriel Mandell.
25. Cómo Jugar y Divertirse con Escritores Famosos - Daniel Samoilovich.
26. Acertijos para Resolver en el Ascensor - J.J.Mendoza Fernández.
27. La Magia de la Matemática - Theoni Pappas.
28. Cómo Jugar y Divertirse con su Inteligencia - Lea y Jaime Poniachik.
29. Potencie su Pensamiento Lateral - Paul Sloane y Des MacHale.
30. Nuevos Acertijos de Sam Loyd - Martin Gardner.
31. El Encanto de la Matemática - Theoni Pappas.
32. Acertijos Para Resolver en el Autobús - J.J. Mendoza Fernández.
33. Prácticas de Pensamiento Lateral - Paul Sloane y Des MacHale.
34. 101 Acertijos - C.R. Wylie.
35. Ejercicios de Inteligencia Asociativa - Lloyd King.

CORREO ELECTRÓNICO - *Acertijos enviados por internautas.*

ANEXO - Archivos virtuales

Los archivos virtuales se muestran a continuación.
Se indica el n° del acertijo y el nombre del archivo correspondiente.
Se descargan de: http://platea.pntic.mec.es/jescuder/acertijo.rar

255 - Del cero al nueve.xls
265 - Error mecanográfico.xls
275 - El pintor madrileño.ppt
285 - Tres agujas en un pajar.xls
286 - Divisibilidad por 7.ppt
295 - Soldados combativos.xls
305 - El huevo sorpresa.xls
305 - El huevo sorpresa.ppt
313 - Curiosidad con tres dados.xls
315 - Asombrosa predicción.ppt
315 - Asombrosa predicción.xls
325 - El juego de los aplausos (2).xls
335 - Los mágicos 21 y 481.xls
345 - Siempre llegamos.xls
355 - Curiosa propiedad (1).xls
365 - La familia de Isaac.xls
375 - Ropa tendida.ppt
385 - Venta de gansos.xls
395 - Los aspirantes al puesto de trabajo.xls
405 - La quinta potencia.xls
415 - Triángulo con 5 bolas.xls
425 - Las manzanas del hortelano.xls
435 - El número mágico 6.174.xls
445 - La edad del Sr. Gómez.xls
455 - Cinco consecutivos.xls
465 - Transporte de un tesoro.xls
475 - Los guardianes de las naranjas.xls
478 - La guarnición.ppt
485 - En el hipódromo.xls
495 - Como anillo al dedo.xls
505 - Los 5 negocios de Timoteo.xls
515 - Producto de consecutivos.xls
525 - Ningún número primo.xls
535 - Números romanos alfabéticos.xls
545 - El rebaño más pequeño.xls

Para poder visualizar el contenido de cada archivo, es necesario tener instalado el programa correspondiente: EXCEL, POWERPOINT, etc.

En **acertijo.rar** también están los archivos correspondientes a otros volúmenes.

www.ingramcontent.com/pod-product-compliance
Lightning Source LLC
Chambersburg PA
CBHW032118040426
42449CB00005B/182